国际汉语教师培养与培训丛书

中小学国际汉语教师资格考试培训指定参考书

宋海燕 著

国际汉语语音与语音教学

Guoji Hanyu Yuyin yu Yuyin Jiaoxue

U0892668

高等教育出版社·北京
HIGHER EDUCATION PRESS BEIJING

国际汉语教师培养与培训丛书

总 策 划：查卫平　谷天刚

项目策划：王春艳　方位渤　周　芳

图书策划：周　芳　方位渤

项目协调：金飞飞　鞠　慧　李羽佳　汪培培

北京市汉语国际推广中心　高等教育出版社　共同策划

认识本书

这本书是为您而写的吗?

如果您对汉语语音感兴趣，如果您想了解常用的语音教学方法，如果您想组织一节生动、有效、令人难忘的语音课，如果您即将成为一名国际汉语教师，想在语音知识和教学方法方面做好充分的准备，那么，这本书就是为您而写的。

这本书的作用是什么?

本书将为您建立汉语语音的知识储备，培养语音教学意识，掌握语音教学方法，帮助您成长为一名优秀的国际汉语教师。

这本书有什么内容?

本书包括知识篇和教学篇两部分。知识篇主要介绍汉语语音系统的基础知识，这些知识是您应该具备的知识储备。教学篇主要介绍和展示语音教学方法，目的在于帮助您学会设计和组织自己的语音教学。

为什么是这本书，别的书不行吗?

汉语语音是一个非常重要但相对封闭的系统。言其重要是因为我们每天都在说话；言其封闭是指汉语语音符号的数量是有限的，不像汉字、词汇那么多那么复杂。在编写这本书之前，作者阅读了大量语音著作和教材，也在国际汉语教师及志愿者中做了调查，他们表示，现有的书籍确实能使他们了解汉语语音的基本面貌和一定的教学方法，但仍然会感觉有所不足，比如，语音知识的阐述过于专业，本来很容易的发音一到了书本上就很难看懂；语音教学方法的介绍过于笼统，看的时候似乎明白了，但在实际教学中还是不知如何下手；在语音教学中遇到的很多问题在书中找不到确切有效的答案，不知道如何解决。

针对以上问题，本书在编写思路和编写内容上进行了一些尝试和创新。具体表现如下：

1. 每个章节的开头都有导读，结尾都有思考和测试。正文中各部分的内容大多以问题形式导入，目的在于引导读者自主思考，带着问题去学习，把被动阅读变为主动阅读，培养读者的语音意识和语音教学意识。

2. 语音知识的讲解和介绍主要面向国际汉语教学，目标明确，重点突出，语言简洁易懂，示例丰富清晰。本书的目的不是培养语音研究者，而是普及汉语语音的基础知识。

3. 语音教学方法部分侧重于提高国际汉语教师的语音教学技能，从宏观分析到细节提示，从注意事项到具体对策，从描述介绍到教学示范，带领您认识语音教学的方方面面。

如何使用本书?

如果您想全面系统地梳理自己的语音知识，并在此基础上提高您的教学技能，建议您按照本书设定的顺序从前到后系统地学习。

如果您想迅速直接地解决自己在国际汉语教学中遇到的语音教学困惑，建议您直接从教学篇开始阅读。

如果您觉得自己语音知识和教学技能都还不错，建议您直接翻看每章节开头的导读及后面的思考题和测试题，以这些问题为索引，有针对性地学习补充自己相对薄弱的方面。

本书作者另编著有《国际汉语教师语音教学手册》，其中详细介绍了每一项语音内容的教学方法及建议，并附有丰富的练习和活动，您可以将其作为课堂教学素材参考使用。

本书即将出版之际，特别感谢高等教育出版社的首席策划周芳女士、责任编辑金飞飞女士、装帧设计张楠先生，他们的视野、创意、专业和细致为本书增色太多。期待本书对您的学习和教学有所裨益。

作者

2012年10月

目录

上 篇 知识篇

第一章

语音概说

导 读

“声音”和“语音”，这两个概念大家应该都不陌生。那么，声音与语音有什么关系？一般人和语言教师分别应该具备哪些语音能力？语音的哪些基本性质影响其特点和意义？在本章里，我们一起来熟悉巩固这些知识。

第一节

声音与语音

什么是声音？

声音是由物体的振动产生的。静止的物体不会发出声音，当静止的物体开始振动，并且在一定时间内振动的次数达到一定的标准时，就产生了声音。

关于声音，我们需要知道：

- 声源：正在振动而发声的物体叫声源。
- 声音传播的途径：声音在气体、固体和液体中都可以传播。我们平时听到的声音大多是通过空气传播的。把耳朵贴在地上能听到远处的脚步声，这是声音在固体中的传播。在水中同样可以听到声音，比如，花样游泳比赛中常在水下放一个扬声器，运动员可以在水下清楚地听到音乐。
- 赫兹（Hz）：频率单位，一秒钟振动一次是一赫兹。声音的频率是一秒钟内物体完成的周期性振动的次数。
- 声音与人类的听力：并不是所有的声音人都能听到。正常人能够听见20 Hz到20 000 Hz

的声音，而老年人对高频声音的听力减少到10 000 Hz左右（或可以低到6 000 Hz），所以老年人的听力会减弱。■

什么是语音？

语音是由人的发音器官发出的声音。这个声音通常是人主动发出的、是要表达一定的意义的。简单地说，语音就是人类由发音器官发出的表达一定意义的声音。

语音是语言的物质外壳，是语言系统的一个重要方面，是人类用语言完成交际活动的主要凭借。

语言与语言系统

- 语言：语言是人类最重要的交际工具，人与人之间的交际活动主要是靠语言完成的。语言也是思维的重要工具，思维离不开语言，必须在语言材料的基础上进行。因此我们常说，学习外语要养成用外语思维的习惯。如果用外语交流时总是先想自己的母语然后再翻译成外语，这样说出来的外语就不会特别流畅、地道。
- 语言系统：从性质和特点来看，语言是由一系列符号组成的一个系统。这个系统是以语音为物质外壳、以词汇为建筑材料、以语法为结构规律而构成的。因此，语音、词汇和语法是语言研究的基本内容。在语言教学中，语义和语用的研究与应用也非常重要。■

声音和语音有什么关系？

自然界存在着各种各样的声音。语音是声音的一种，它和人有关，是由人发出的声音。我们敲击物体发出的声音、动物发出的声音都不叫语音。

虽然语音和人有关，但并不是人发出的所有声音都是语音。困了打哈欠的声音、平时呼吸的声音、不舒服时咳嗽或打喷嚏的声音都不是语音，因为这些声音不能传递具体的意义，没有交际作用。只有人在一定的交际活动中发出的表达意义的声音才是语音。

第二节

人的语音能力

言语交际是怎么进行的?

从表面来看，人类的言语交际是简单短暂的过程，我们能看到的就是说话人张口说话，听话人听话接收信息。实际上，这种交际背后包含着一系列复杂的过程。借用信息论的术语来说，这一过程包含编码—发送—传递—感知—解码五个阶段（叶蜚声、徐通锵，1997）。每次说话之前，说话人要先想一想应该用什么词什么句子，这就是编码过程；然后说话人用口把想好的话说出来，这就是发送过程；话语通过空气等媒介传到听话人那里，这就是传递过程；听话人用听觉器官接收说话人说的话，这就是感知过程；听话人分析理解说话人发送的话语的意思，这就是解码过程。在互动交际中，听话人要对说话人说的话进行回应，就要先编码，一个新的信息传递过程开始进行，这时说话人变为听话人，对接收的信息进行解码。人们的口语交际就是在这样一系列的编码—发送—传递—感知—解码的互动重复中完成的。

语音研究的相关学科

- 生理语音学：从生理角度研究发音器官的发音原理，和生理学密切相关。
- 声学语音学：研究语音音响传递阶段的声学特征，和物理学密切相关。
- 感知语音学：研究听觉器官对语音的感知及大脑对语音的解码，和心理学密切相关。
- 实验语音学：通过生理、物理和医学等方面的专门仪器对语音的自然特征进行研究分析。
- 音系学：从社会交际的角度研究归纳某一具体语言具有区别作用的语音单位，确立其语音系统，也叫“音位学”。

一般人具备的语音能力

1. 发音能力

在言语交际的五个阶段中，发送和感知两个阶段是和语音密切相关的。

语音的发送看起来是由口腔完成的，实际上其背后包含着肺、声带、鼻腔、舌头等发音器官的协同工作。人类在进化过程中形成了灵活的发音器官，能够发出各种复杂多变的音，这就是人的发音能力。人的发音能力是先天具备的，但是对这种能力的开发运用却是后天获得的。语言环境对语音能力的开发和保持起着非常重要的作用。如果一个人长期生活在没有语言交流的环境中，就可能一辈子都不会说话，发音能力也会退化或消失。不同的语言环境对人的发音能力的开发和刺激也不一样。生活在不同语言环境中的人学会的是不同语言的语音，当面对一种陌生的语言时，往往很难甚至发不出那种语言的语音。因此，学习一种新的语言，要先学习这种语言的语音，形成对该种语言的发音能力。

2. 辨音能力

辨音能力就是对语音进行分辨理解的能力，它主要在语音的感知阶段起作用。在一种独立的语音系统中，每个音都承载着特定的意义，只有先正确地听辨感知这个音，才能准确地理解它的意义，解码时才不会出错，交际活动才能成功进行。人们对自己母语（或第一语言）的辨音能力是在从小开始的大量的语言实践中形成的。学习一种新的语言时，也要通过大量的听辨练习形成对该种语言语音的正确的听辨能力。

语言教师应具备的语音能力

1. 发音能力

语言教师首先应该具备自己所教语言的发音能力，如果不会发或发不好所教语言的语音，那就无法胜任语言教师的工作。作为国际汉语教师，当然应该具备汉语语音的发音能力。

2. 辨音能力

一般来说，一个本族人往往很容易就能听出一个外国人对自己语言的发音标准不标准，这是基本的听辨能力。但是，作为语言教师，仅仅知道发音是否标准还不够，还要能分析出哪里不标准，为什么不标准。所以，语言教师应具备的辨音能力，就是听辨别人发音是否准确到位并能分析出原因的能力。国际汉语教师应该具备听辨学习者的汉语发音是否准确并能分析出错误原因的能力。这种能力的形成和提高需要不断地学习和实践。

3. 纠音能力

这是语言教师比一般人要多具备的一项语音能力。作为教师，不但要能听出别人的发音是否标准，更重要的是要能够快速有效地进行纠音。就像一名医生，光知道病人生病是不行的，一般人也能看出生病的状态，医生之所以成为医生就是要知道如何治病。语言教师也是这样，要具备纠音的能力。国际汉语教师要能准确有效地纠正学习者汉语语音的发音错误，这一能力需要扎实地学习和不断地实践才能获得，因为纠音是有相应的方法和对策的。

第三节

语音的性质

物理属性

物体振动产生音波，音波传到人的耳朵里，刺激听觉神经，让人感知到声音。作为一种物理现象，音波有音色、音高、音长、音强四种属性。语音作为声音的一种，当然也具有这四种属性。

1. 音色

音色就是声音的特色，也叫音质。它是由发音体、发音方法和共鸣器的形状决定的。拿乐器来说，笛子、吉他、二胡三种乐器，人们一听就知道是哪种乐器发出的声音，这就是因为它们的音色不同。

语音的音色和声带有很大关系。每个人的声带都不完全相同，所以很难找到音色完全相同的两个人。也正因如此，对于熟悉的人，我们常常只听声音就知道说话的是谁，这就是闻其声知其人。

音色在每种语言中都很重要，它有区别意义的重要作用。

- 发音体：因振动而产生声音的物体就是发音体。口琴和笛子是不同的发音体，所以声音不同。声带是人的主要发音体，每个人声带不同，所以每个人的声音不同。
- 发音方法：吉他主要是靠手指的弹拨来发声，小提琴主要是靠拉弓弦来发声，这是两种不同的发音方法，所以声音不一样。除了靠拉弓弦发声以外，小提琴还有一些特殊的演奏技巧，比如用手指弹拨。拉弓弦和用手指弹拨时，同样是小提琴，发出的声音却不一样。每个音都有其特有的发音方法，如汉语中，j 是用爆破方法发音的，x是用摩擦方法发音的，q是用先爆破后摩擦的方法发音的。所以，学习语音，掌握每个音的发音方法很重要。

■ 共鸣与共鸣器：物体振动发音时都有一定的频率，如果别的物体和它的频率相同，就会受到相同频率的空气运动的影响也发出声音来，这就是声音的共鸣。产生共鸣的物体就是共鸣器。人类发音的共鸣器包括口腔、鼻腔、咽腔和喉腔。口腔的开合、舌头的前后升降、鼻腔通道的开闭都会影响共鸣器的形状，产生不同的语音。如汉语中n是鼻腔通道打开发出的音，而l是鼻腔通道关闭发出的音。■

2. 音高

音高就是声音的高低，它是由物体振动的频率决定的。频率指的是一定时间内物体振动次数的多少。振动快，次数就多，频率就高，声音就高；振动慢，次数就少，频率就低，声音就低。物体振动时的频率和物体本身的长短、粗细、大小、厚薄、松紧有关。在相同的动力作用下，短、细、小、薄、紧的物体振动快，频率高，声音高；长、粗、大、厚、松的物体振动慢，频率低，声音低。

对普通话来说，除音色外，音高最重要，因为普通话主要靠不同的音高来区别意义，这就是声调。

3. 音长

音长就是声音的长短，它是由物体振动的时间决定的。振动的时间越长，声音就越长；振动时间越短，声音就越短。

语音的长短取决于声带振动时间的长短。

在普通话中，音长主要与表达中的语调有关，如“啊”用较短的低降调说出时表示应答，用较长的低降调说出时则表示赞叹。有的语言中音长有区别意义的作用，如英语的eat [i:t] 和it [it]。

4. 音强

音强就是声音的强弱，它是由物体振动幅度的大小决定的。振动幅度大，声音就强；振动幅度小，声音就弱。

语音的强弱取决于发音时气流冲击声带力度的大小和气流量的多少。用力强，气流量大，声音就强；用力弱，气流量小，声音就弱。

音强主要和语言中的轻重音有关系，包括词重音和句重音。普通话中的轻声也和音强有关。

生理属性

语音是由人的发音器官发出来的，不同的语音是由不同的发音器官及其活动决定的，这就是语音的生理属性。人体重要的发音器官包括动力源、发音体和共鸣器三部分。

1. 肺——动力源

肺的呼吸作用产生的气流是人类发音的原动力，人类的大部分语音都是在肺部呼出气流时发出的，但利用吸气发出的声音在有的语言或方言中也起表达意义的作用。人类发音的强弱和肺部气流压力的大小有关系，想让声音强，肺部就要呼吸较大量的气流，呼吸的气流量小，声音就比较弱。所以呼吸能力受限的人特别是病人，发出的声音就比较弱。

2. 声带——发音体

肺部呼吸产生的气流冲击声带，带动声带的不同运动，就能产生不同的声音。声带是人类重要的发音体，一个人声音嘶哑或失声，大多是某种因素造成声带不能正常运动或声带本身病变而导致的。语音的高低和人的声带的长短、厚薄、松紧相关。声带放松，振动频率低，发出的声音就低；声带拉紧，振动频率高，发出的声音就高。一个人说话或唱歌时声音会有高有低，那是通过自己喉部肌肉的运动来控制声带的松紧而完成的。不同的人声带生理特点不一样，声音也就不同。从性别上看，女人的声音一般比男人的高，这是因为女人的声带通常短而且薄。从年龄上看，小孩儿的声音往往又细又尖，这是因为孩子的声带更短更薄。随着声带的发育，声音会发生改变。变声一般从14岁左右开始。

3. 口腔和鼻腔——共鸣器

声带运动产生的声音通常是含混不清的，像蜜蜂嗡鸣一样，而我们平时听到的语音是经过共鸣放大的。人类发音的共鸣器包括口腔、鼻腔、咽腔和喉腔，其中口腔和鼻腔是最重要的共鸣器。鼻腔的形状是固定不变的，口腔的形状却可以改变，人类大部分的发音器官都集中在口腔里。具体来说，口腔里的发音器官主要有：上下唇、上下齿、齿龈、硬腭、软腭、小舌和舌头，舌头又可以分为舌尖、舌叶和舌面，舌面又分为前、中、后，舌面后部常常被称为舌根。

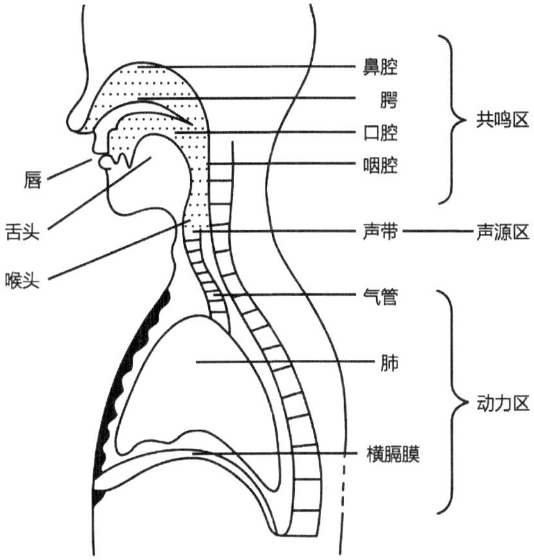

图1　发音器官示意图

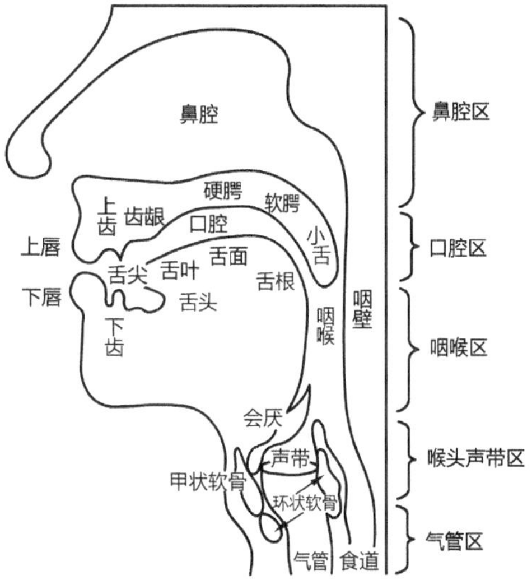

图2　发音器官纵切面示意图

社会属性

人的发音器官能发出很多种声音，包括语音。某个语音有没有表达意义的作用，在哪种语言中有表达意义的作用以及表达什么样的意义，并不是某个人自己决定的，而是使用这种语言的全体社会成员约定俗成的，这就是语音的社会属性。

语音能在社会交际中起作用靠的是它所表达的意义，换句话说，语音必须在一种语言中具有表达意义的作用，它才能被称为这种语言的语音。比如，英语中thank的发音是［θænk］，表示“感谢”的含义，［θ］和［æ］在这个音节中有区别意义的作用，所以属于英语的语音系统。虽然中国人也能发出［θ］和［æ］，但是汉语的字词跟这两个音没有关联性，也就是说，这两个音在汉语普通话中没有区别意义的作用，所以不属于汉语的语音系统。因此，社会属性也是语音区别于其他声音的最本质的属性。

思 考

1. 语音和一般的声音有什么区别？

2. 一般人具备什么样的语音能力？

3. 语言教师应该具备什么样的语音能力？为什么？

4. 在汉语普通话中，语音的哪些物理属性和表达意义有关系？有什么样的关系？

5. 人体重要的发音器官有哪些？在发音时分别起什么样的作用？

6. 语音的本质属性是什么？为什么？

测验

一、填空

1. 语音是由人的____________发出的____________的声音。

2. 一般人具备的两种语音能力是____________和____________。

3. 语音的物理属性包括________、________、________和________四个方面。

4. 听到声音就知道是谁在说话，判断的依据是这个人特别的__________。

5. 人体重要的发音器官包括________、________和________三部分。

二、判断

1. 人发出的声音都是语音。（　　）

2. 具备发音能力和辨音能力就可以成为一名好的语言教师。（　　）

3. 音长在普通话中没有什么特别的表达作用。（　　）

4. 语言中的轻重音和发音时的音强有着直接关系。（　　）

5. 人类大部分的发音器官都集中在口腔里。（　　）

三、选择

1. 语言教师应具备的特别的语音能力是（　　）。

A 发音能力　　B 听音能力　　C 辨音能力　　D 纠音能力

2. 语音的本质属性是（　　）。

A 物理属性　　B 生理属性　　C 社会属性　　D 心理属性

3. 和汉语声调密切相关的是语音的（　　）。

A 音色　　B 音高　　C 音强　　D 音长

4. 英语 leave [li:v] 和 live [liv] 的意义主要是靠（　　）区分的。

A 音色　　B 音高　　C 音强　　D 音长

第二章

语音分类

导 读

每种语言都有其特定的语音，我们应该从什么角度去分析研究具体的语音呢？本章您将了解到音素、音位、元音、辅音等概念及其联系与区别，《汉语拼音方案》及普通话的音位系统。

第一节

音 素

什么是音素？

音素是从音色即音质的角度划分出来的最小的语音单位。它是语音学家对多种语言进行比较分析后概括出来的。虽然世界上的语言有上千种，但音素并没有那么多。每种语言用到的音素是有限的，甚至有些语言还有相同的音素，因此，语音学里研究讨论的音素总体上也是有限的。

音素的划分

我们平时听到的音，都是由一个一个的音素按照一定的语音规则组合而成的。比如，汉语中的nǐ 可以分成n [n] 和i [i] 两个更小的不同的单位，这就是两个不同的音素。英语的food [fu:d] 可以分为 [f][u:][d] 三个音素。一般是一个字母表示一个音素，如n [n] 和i [i]，但也有两个或多个字母表示一个音素的情况，如汉语中的zh [tʂ]、ch [tʂʻ]、sh [ʂ]、ng [ŋ]。

国际音标

国际音标（The International Phonetic Alphabet，简称IPA），早期又称“万国音标”，

是由国际语音学学会于1888年制订的，后来做了几次修订。国际音标是国际上通用的一套标音系统。从数量上来说，它比任何一种语言的语音数量都多，因此它能够记录世界上所有的语言及方言。国际音标遵循“一音一符、一符一音”的原则，即每个音素都有一个符号代表，每个符号只代表一个音。国际音标的符号以拉丁字母为基础，但因人类语音非常复杂，有限的拉丁字母远不够用，于是就改变字形并借用其他语言的字母作为补充。为区别于普通字母，国际音标的通用符号是方括号 [ ]。■

音素的分类

根据性质的不同，音素可以分为元音和辅音两类。

一、元音

什么是元音?

发音时，气流在口腔、咽腔不受阻碍顺利通过，且声带振动而发出的清晰响亮的语音就是元音，如ɑ、e、i。

元音的音色是由哪些因素决定的?

发元音时，气流不受阻碍从口腔通过，声带振动。口腔是人类最灵活的发音器官，口腔中每一个细微的变化都会影响到元音的共振和共鸣，从而形成不同的元音。影响元音变化的因素有以下几个方面：

1. 嘴唇的形状

发音时嘴唇一般有两种形状，圆的或者不圆的，在音素描写中常用圆唇、不圆唇来说明，有时也说唇形是圆的、扁的或展的。比如，发i [i] 的时候，嘴唇是扁的，是不圆唇元音；发u [u] 时，嘴唇是圆的，是圆唇元音。

2. 开口度的大小（舌头的高低）

发音时嘴的开合即开口度的大小和舌头的位置密切相关。舌头抬得越高开口度越小，舌头降得越低开口度越大。口腔开口度的不同也会影响发音的共鸣情况，从而产生不同的音色。比如，发ɑ [ᴀ] 时，舌头的位置比较低，口腔的开口度较大；发i [i] 时，舌头的位置比较高，口腔的开头度较小。在语音描写中，常常把开口度的大小按五个跨度来分：舌头最高、开口度最小时称为高元音，舌头最低、开口度最大时称为低元音，舌头位于中间高度、嘴半开时称为中元音，在中和高之间还有半高，在中和低之间还有半低，这样就有了高、半高、中、半低、低五种区分。

舌 位

舌位指的是舌头隆起时最高点的位置。舌位高是指舌头隆起时最高点和上腭的距离小，舌位低是指舌头隆起时最高点和上腭的距离大，舌位前指的是舌头隆起时最高点的位置靠前，舌位后指的是舌头隆起时最高点的位置靠后。■

3. 舌位的前后

舌位高低影响到的开口度的大小是可以观察到的，而舌位前后的变化常常很难直接观察到，需要发音时自己仔细体会。在语音描写中，常常把舌位的前后分为三个跨度，即前、央、后。如发［a］时，舌头前部靠近下齿背，舌头靠前，这就是前元音；发［ᴀ］时，舌头前部稍稍离开下齿背，舌头位置居中，这是央元音；发［ɑ］时，舌头前部远离下齿背，舌头位置靠后，这是后元音。

怎样描写一个元音?

我们已经知道，元音的音色是由嘴唇的形状、舌位的高低及舌位的前后决定的，那么描写一个元音时就要从这几个方面去说明它的特点。比如，发［ᴀ］时嘴唇不圆，舌头处于最低位置，舌位处于中央，由此就可以把［ᴀ］简单地描写为舌面、央、低、不圆唇元音。

元音的分类

1. 舌面元音

发音时舌头用力比较均衡的元音是舌面元音。这是一类较常见的元音。舌面元音可从嘴唇的形状、舌位的高低和舌位的前后来观察和描写。图3（见下页）是常见的舌面元音舌位唇形图。

英国著名语言学家琼斯（Daniel Jones）最早提出了基本元音的概念，就是图3中最左边和最右边的八个元音。

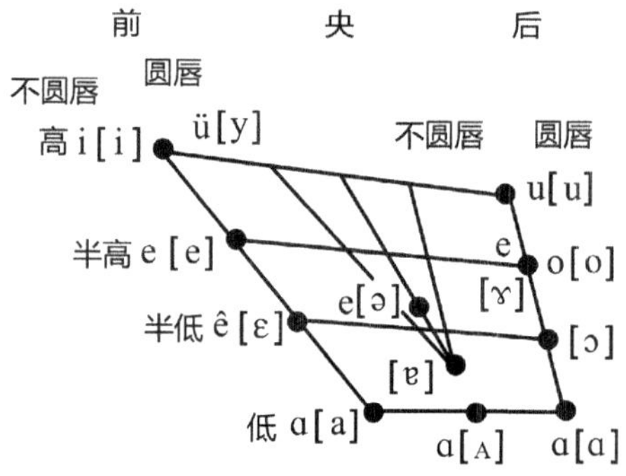

图3 舌面元音舌位唇形图

[i] 舌面、前、高、不圆唇元音

[e] 舌面、前、半高、不圆唇元音

[ɛ] 舌面、前、半低、不圆唇元音

[a] 舌面、前、低、不圆唇元音

[u] 舌面、后、高、圆唇元音

[o] 舌面、后、半高、圆唇元音

[ɔ] 舌面、后、半低、圆唇元音

[ɑ] 舌面、后、低、不圆唇元音

其他的元音也都可以从这几个方面去描写。

2. 舌尖元音

发音时舌尖抬起来接近上腭，主要靠舌尖的作用改变口腔形状形成共鸣，这样发出的元音就是舌尖元音。汉语中主要有两个舌尖元音：

[ɿ] 舌尖、前、高、不圆唇元音

[ʅ] 舌尖、后、高、不圆唇元音

3. 卷舌元音

发音时舌面和舌尖同时作用，发舌面元音的同时，舌尖向硬腭翘起，卷起舌头，这样发出的元音就是卷舌元音，国际音标用 [ɚ] 表示，也可用 [ər] 表示。为了书写和印刷的方便，常常写成er。这里的r不代表独立的音素，只是表示卷舌动作的符号。

在汉语中，北京方言里的卷舌元音比较多，如“兔儿”、“芽儿”、“花儿”等，这些卷舌元音有的被普通话吸收，形成了儿化韵。er在普通话中作为独立的读音的情况并不多，常见的有“二、儿、耳、而、尔、饵、迩”

等。在英语中，卷舌元音常见于美式英语，如four、first。美国人常把元音及其后面的r发成卷舌元音，而英国人不卷舌，这也是美式英语和英式英语的一个重要区别。

4. 鼻化元音

发音时软腭稍下降，口腔和鼻腔的通道同时打开，气流可以同时从口腔和鼻腔通过，这时发出的元音会带上一定的鼻音色彩，这就是鼻化元音。在国际音标中，通常用"~"来表示鼻化元音，如[ã]。

汉语中没有单独的鼻化元音，鼻化元音一般只出现在一些儿化韵中。比如，"灯"[təŋ⁵⁵]中的[ə]不是鼻化元音，而儿化时"灯儿"的实际读音[tə̃r⁵⁵]中[ə̃]就是鼻化元音。

口音/鼻音/鼻化音

- 口音：发音时软腭和小舌上升堵塞鼻腔通道，气流只能从口腔通过，这时发出的音主要在口腔中共鸣，叫作口音。
- 鼻音：发音时软腭和小舌下降，鼻腔通道打开，口腔通道阻塞，气流只能从鼻腔通过，这时发出的音主要在鼻腔共鸣，叫作鼻音。
- 鼻化音：发音时口腔和鼻腔都没有阻塞，气流可以同时从口腔和鼻腔通过，发出的音在口腔和鼻腔共鸣，叫作鼻化音，也叫半鼻音或口鼻音。

汉语普通话中的元音有哪些？

汉语普通话中的元音主要有舌面元音、舌尖元音和卷舌元音三大类。

1. 舌面元音

（1）ɑ[ᴀ]舌面、央、低、不圆唇元音。发音时嘴张大，舌头放到最低，自然放松，嘴唇不圆，声带振动，如chànà（刹那）中的ɑ。

（2）o[o]舌面、后、半高、圆唇元音。发音时嘴半开，舌头向后缩，舌根稍微向上抬至半高位置，舌面两边微卷，舌头中间向下凹，嘴唇合成圆形，嘴角略微聚拢一些，但嘴唇不要向前撅，上下唇的距离大概有一个食指的宽度，声带振动，如pōmò（泼墨）中的o。

（3）e[ɤ]舌面、后、半高、不圆唇元音。发音时嘴半开，舌头向后缩，舌根稍微向上抬至半高位置，嘴自然展开，像在微笑一样，声带振动，如chēzhé（车辙）中的e。

（4）i［i］舌面、前、高、不圆唇元音。发音时嘴稍微张开，舌头向前伸，舌尖抵住下齿背，嘴唇扁平，声带振动，如qíjì（奇迹）中的i。

（5）u［u］舌面、后、高、圆唇元音。发音时舌头向后抬高，使舌根接近软腭，用力把双唇拢圆，中间留一小孔，嘴稍向前突出，声带振动，如zhùfú（祝福）中的u。

（6）ü［y］舌面、前、高、圆唇元音。发音时舌头向前伸，舌尖抵住下齿背，舌头位置和发i时一样，但嘴唇要用力拢圆，声带振动，如xùqǔ（序曲）中的ü。

（7）ê［ɛ］舌面、前、半低、不圆唇元音。发音时嘴稍开，舌头放到半低位置，开口度比发e［ɤ］时小一些，舌头向前伸，舌尖抵住下齿背，嘴唇扁平，声带振动。ê［ɛ］在普通话中用得很少，只有"欸"这个字的读音是ê。

2. 舌尖元音

（8）-i［ɿ］舌尖、前、高、不圆唇元音。发音时舌尖前伸接近上齿背，留有狭窄的气流通道，但气流通过时不发生摩擦，嘴唇扁平，声带振动，zìcí（字词）中的i就是这个舌尖前元音。

（9）-i［ʅ］舌尖、后、高、不圆唇元音。发音时舌尖上翘接近硬腭前部，留有狭窄的气流通道，但气流通过时不发生摩擦，嘴唇扁平，声带振动，shízhǐ（食指）中的i就是这个舌尖后元音。

3. 卷舌元音

（10）er［ɚ］卷舌、央、中、不圆唇元音。发音时口形略开，舌头高度居中并稍微向后缩，唇形不圆，在发［ə］的同时舌尖向硬腭卷起，声带振动。对着镜子观察，可以看见舌头底部舌根的位置。虽然是两个字母，但r不发音，它只是一个表示卷舌动作的符号，如èr（二）中的er。

普通话元音表

舌位前后及唇形 / 舌位高低	舌尖元音		舌面元音					卷舌元音
	舌尖前	舌尖后	舌面前		舌面央	舌面后		卷舌央
	不圆唇	不圆唇	不圆唇	圆唇	不圆唇	不圆唇	圆唇	不圆唇
高	-i［ɿ］	-i［ʅ］	i［i］	ü［y］			u［u］	
半高						e［ɤ］	o［o］	

续表

舌位前后及唇形 舌位高低	舌尖元音		舌面元音					卷舌元音
	舌尖前	舌尖后	舌面前		舌面央	舌面后		卷舌央
	不圆唇	不圆唇	不圆唇	圆唇	不圆唇	不圆唇	圆唇	不圆唇
中								er [ɚ]
半低			ê [ε]					
低					ɑ [A]			

二、辅音

什么是辅音?

发音时气流在发音器官的某个部分受到阻碍并最终克服阻碍发出声音，这样的音就是辅音，如b、f、n。

辅音的发音过程通常可分为三部分：一是“成阻”，即发音器官的活动部分向固定部分靠拢接触形成阻碍；二是“持阻”，即形成阻碍的发音器官肌肉保持紧张，让阻碍得以持续；三是“除阻”，即发音器官的活动部分离开固定部分，肌肉放松，阻碍解除。

活动发音器官与固定发音器官

- 活动发音器官：指的是发音时发音器官可以自由活动的部分，包括唇、舌、软腭和小舌。它们在发音过程中的主要作用是：（1）改变口腔的形状、大小或气流的通道，使声音得到不同的调节和共鸣，从而形成不同的元音和鼻音；（2）跟固定部分接触，构成不同的阻碍，从而形成不同的辅音。
- 固定发音器官：指的是发音时发音器官不能随便活动的部分，包括牙齿、齿龈、硬腭等。■

元音和辅音有什么不同?

（1）发元音时，气流不受阻碍；发辅音时，气流一定受到阻碍。这是元音和辅音最主要的区别。

（2）发元音时，发音器官各部位均衡紧张；发辅音时，形成阻碍的部位特别紧张。

（3）发元音时，声带一定振动，声音比较响亮；发辅音时，声带不一定振动，声音一般不响亮。

（4）发元音时，气流较弱；发辅音时，气流较强。

	元音	辅音
举例	ɑ o e i u ü er	b p m zh ch z j
气流是否受到阻碍	不受阻碍	一定受某部位的阻碍
发音器官紧张程度	发音器官各部位均衡紧张	形成阻碍的部位特别紧张
声带是否振动	一定	不一定
声音响亮程度	比辅音响亮	一般不响亮
气流强弱	较弱	较强

元音和辅音的区分

掩耳法：用两手掩住耳朵，发元音并持续一段时间，会觉得耳朵里面有嗡响声；持续发辅音时，这种感觉则不明显。

触喉法：把手压在喉结上，持续发元音时，能感觉喉头在振动；持续发辅音时，这种感觉则不明显。■

辅音的音色是由哪些因素决定的？

辅音的音色是由两个因素决定的：一是发音部位，二是发音方法。

1. 发音部位

前面说过，发辅音时气流一定受到阻碍，这个阻碍是由活动发音器官接触固定发音器官形成的。接触的部位不同，阻碍的方式不同，发出的辅音就不同。这个形成阻碍的部位就是发音部位，比如，b和k的发音部位不同，是不同的辅音。

2. 发音方法

发辅音时，发音器官先形成阻碍，气流要想办法克服阻碍并在口腔或鼻腔中获得不同的共鸣最终发出辅音。发音方法指的就是气流克服阻碍的方式及共鸣的状况。发音方法主要从三个方面来考察：一是克服阻碍即除阻的方式，如z和s，发z音时气流用先爆破后摩擦的方法克服阻碍，发s音时气流用摩擦的方法克服阻碍；二是气流的强弱，如b和p，发b音时气流较弱，发p音时气流较强；三是声带是否振动，如sh和r，发sh音时声带不振动，发r音时声带振动。

辅音的分类

辅音的音色是由发音部位和发音方法决定的，所以对辅音的分类常常从这两个角度来进行。

（一）根据发音部位分的辅音类别

（1）双唇音。上唇和下唇接触形成阻碍，如汉语中的b［p］、m［m］。

（2）唇齿音。上齿和下唇接触形成阻碍，如汉语中的f［f］、英语very［ˈveri］中的［v］。

（3）舌尖音。主要的活动发音器官是舌尖，根据舌尖接触部位的不同，可以分为四种：

① 齿间音。发音时舌尖在上下齿之间，如英语they［ðei］中的［ð］。

② 舌尖前音。舌尖和上齿背接触形成阻碍，如汉语中的z［ts］、s［s］。

③ 舌尖中音。舌尖和上齿龈接触形成阻碍，如汉语中的n［n］、l［l］。

④ 舌尖后音。舌尖和硬腭前部接触形成阻碍，如汉语中的zh［tʂ］、ch［tʂʻ］、sh［ʂ］、r［ʐ］。发这类音时，舌尖与硬腭接触时是翘起的状态，所以这类音也叫“翘舌音”。

（4）舌叶音。舌叶指的是紧挨着舌尖之后的舌面边缘的部分。舌叶和齿龈形成阻碍发出的音是舌叶音，如英语teacher［ˈtiːtʃə］中的［tʃ］、she［ʃiː］中的［ʃ］。

（5）舌面音。主要的活动发音器官是舌面。因为舌面的面积比较大，可分为前、中、后三部分，它们和不同的部位接触可形成三种舌面音：

① 舌面前音。舌面前部和硬腭前部形成阻碍，如汉语中的j［tɕ］、q［tɕʻ］、x［ɕ］。

② 舌面中音。舌面中部和硬腭后部形成阻碍，如英语yes［jes］中的［j］。

③ 舌面后音。舌面后部和软腭形成阻碍，又叫“舌根音”，如汉语中的g［k］、k［kʻ］、h［x］。

（6）喉音。喉头某个部分形成阻碍，可能是舌根和喉壁接触形成的，也可能是喉部自己紧缩形成的，喉音主要是从咽腔到声带这一段声腔发出的，如英语here［hiə］中的［h］。

（二）根据发音方法分的辅音类别

1. 气流冲破阻碍的方式

从气流冲破阻碍的方式来看，常见的辅音类别有：

（1）塞音。发音时，阻碍形成后在持阻阶段发音部位完全阻塞，气流无法通过，然后发音部位突然打开，解除阻碍，使气流突然冲出，同时发出声音，这就是塞音，如汉语中的b［p］、d［t］和英语ball［bɔ:l］中的［b］。

（2）擦音。发音时，阻碍形成后在持阻阶段发音部位并不完全阻塞，留有狭窄的缝隙，气流挤过阻塞部分摩擦发出声音，这就是擦音，如汉语中的f［f］、s［s］，英语she［ʃi:］中的［ʃ］。

（3）塞擦音。发音时，阻碍形成时发音部位完全阻塞，气流无法通过，阻碍保持一段时间后稍稍放松留出窄缝，气流挤出去摩擦成声，形成一种先塞后擦的声音，这就是塞擦音，如汉语中的z［ts］、c［ts‘］。

（4）鼻音。发音时，阻碍形成后发音部位完全阻塞，软腭下降，阻碍口腔通道，鼻腔通道随后被打开，气流从鼻腔冲出，同时发出声音，这就是鼻音，如汉语中的m［m］、n［n］。

（5）边音。发音时，舌尖形成阻碍不让气流通过，舌头的两边或一边留出空隙，气流从空隙冲出，同时发出声音，这就是边音，如汉语中的l［l］。

（6）颤音。气流通过发音器官，发音器官有弹性的部分如双唇、舌尖和小舌的肌肉由于受到冲击而产生颤动，使气流忽通忽塞，快速交替，这样形成的音就是颤音，如意大利语中的舌尖颤音r［r］。

（7）闪音。发音时，发音器官有弹性的部分不是连续颤动而只是弹动一次，轻轻一闪发出声音，这就是闪音，如日语中的闪音的ら［ɾ］。汉语中很少见颤音和闪音。

（8）半元音。发音时，口腔通道接近于开放状态，气流受到的阻碍很小，只是在通过时稍微有些摩擦，发出的音接近不受阻碍的元音，这就是半元音，也叫通音，如英语中的w［w］。

2. 气流的强弱

从发音时气流的强弱来看，常见的辅音类别有：

（1）送气音。发辅音时，阻碍解除以后，紧跟着送出一股较强的气流，这就是送气音。国际音标中常用［ ‘ ］表示送气音，如汉语中的p［p‘］、t［t‘］、k［k‘］。

（2）不送气音。发辅音时，阻碍解除以后，没有特别明显的气流送出来，这样的音是不送气音。实际上，任何语音都是由气流形成的，完全不送气的辅音是没有的，这里说的不送气音是相对于送气音那种可以明显感觉到的强气流而言的。

送气音与不送气音主要存在于塞音和塞擦音之中，因为只有这两种音中才存在可以感知的较强气流和相对较弱的气流。送气音与不送气音通常成对出现，如汉语中的b［p］、d［t］、g［k］是不送气音，与之相对的p［p‘］、t［t‘］、k［k‘］是送气音。

3. 声带是否振动

从发音时声带是否振动来看，常见的辅音类别有：

（1）浊音。气流从气管送出通过声门时，声门紧闭，声带并拢，气流从声带中挤出去，引起声带振动发出声音，这就是浊音，如汉语中的m［m］、n［n］、l［l］、r［ʐ］。

（2）清音。气流从气管送出通过声门时，声门敞开，声带松弛，气流顺利从声带通过，声带不振动，这就是清音，如汉语中的f［f］、s［s］、z［ts］、c［ts‘］。

从理论上来讲，一般的辅音都是清浊成对配套的，如［p］—［b］、［f］—［v］、［ts］—［dz］、［s］—［z］、［t］—［d］、［ʂ］—［ʐ］、［tʂ］—［dʐ］、［k］—［g］等。不过，这些成对的清音和浊音并不是在每种语言中都规则地成对出现。也就是说，在一种具体的语言中，并不是一个清音或浊音就一定存在和它同部位的浊音或清音的。比如，普通话中有清音［p］（声母b），却没有浊音［b］，有清音［f］（声母f），却没有浊音［v］。

怎样描写一个辅音？

我们已经知道，决定一个辅音音色的主要因素有发音部位、阻碍方式、气流强弱和声带是否振动等，这几个因素因此成为描写辅音的主要方面。

例如，［p］从发音部位看是双唇音，从阻碍方式看是塞音，从气流强弱看是不送气音，从声带是否振动看是清音，即［p］是双唇、不送气、清、塞音。

国际音标常见辅音表

发音方法 \ 发音部位			双唇音	唇齿音	舌尖音				舌叶音	舌面音			喉音
					齿间音	舌尖前音	舌尖中音	舌尖后音		舌面前音	舌面中音	舌面后音	
塞音	清	不送气	p				t				c	k	
		送气	p‘				t‘				c‘	k‘	
	浊		b				d					g	
塞擦	清	不送气		pf	tθ	ts		tʂ	tʃ	tɕ			
		送气		pf‘	tθ‘	ts‘		tʂ‘	tʃ‘	tɕ‘			
	浊			bv	dð	dz		dʐ	dʒ	dʑ			
擦	清		Φ	f	θ	s		ʂ	ʃ	ɕ	ç	x	h
	浊		β	v	ð	z		ʐ	ʒ	ʑ	j	ɣ	ɦ
鼻	浊		m				n					ŋ	
边	浊						l						
颤	浊						r						
闪	浊						ɾ						
半元音	浊		wɥ	ʋ							j(ɥ)	(w)	

汉语普通话中的辅音有哪些?

汉语普通话有22个辅音，它们分别是：

（1）b［p］**双唇、不送气、清、塞音**。发音时，双唇紧闭，口腔通道完全阻塞，气流到达双唇后蓄气，使少量的气流留在口中，同时软腭上升堵塞鼻腔通道，然后突然打开双唇，让口中的气流爆发而出，气流较弱，声带不振动，如bēnbō（奔波）中的b。

（2）p［p‘］**双唇、送气、清、塞音**。发音时，双唇紧闭，口腔通道完全阻塞，气流到达双唇后蓄气，留在口腔中的气流比较多，同时软腭上升堵塞鼻腔通道，然后突然打开双唇，让口中的气流爆发而出，气流较强，声带不振动，如pīngpāng（乒乓）中的p。

（3）m［m］**双唇、浊、鼻音**。发音时，双唇紧闭，口腔通道完全阻塞，同时软腭下降打开鼻腔通道，气流同时到达鼻腔和口腔，气流振动声带，从鼻腔流出形成鼻音，如ménméi（门楣）中的m。

（4）f［f］**唇齿、清、擦音**。发音时，上齿轻触下唇内部边缘，形成一条窄缝，同时软腭上升堵塞鼻腔通道，气流从上齿和下唇之间的窄缝摩擦而出，声带不振动，如fēifǎ（非法）中的f。

（5）z［ts］**舌尖前、不送气、清、塞擦音**。发音时，舌尖轻轻抵住上齿背，口腔通道完全阻塞，同时软腭上升堵塞鼻腔通道，口腔中蓄气，然后舌尖放松，较弱的气流把舌尖和上齿背的阻碍冲开一道窄缝，并从中挤出，摩擦成声，声带不振动，如zēngzǔ（曾祖）中的z。

（6）c［ts‘］**舌尖前、送气、清、塞擦音**。发音时，舌尖轻轻抵住上齿背，口腔通道完全阻塞，同时软腭上升堵塞鼻腔通道，口腔中蓄气，然后舌尖放松，较强的气流把舌尖和上齿背的阻碍冲开一道窄缝，并从中挤出，摩擦成声，声带不振动，如cāngcù（仓促）中的c。

（7）s［s］**舌尖前、清、擦音**。发音时，舌尖翘起，接近上齿背，中间留出一条窄缝，同时软腭上升堵塞鼻腔通道，气流从舌尖与上齿背之间的狭窄通道摩擦而出，声带不振动，如suísú（随俗）中的s。

（8）d［t］**舌尖中、不送气、清、塞音**。发音时，舌尖紧抵上齿龈，口腔通道完全阻塞，口腔蓄有空气，同时软腭上升堵塞鼻腔通道，让口中的气流冲破舌尖的阻碍，爆发成声，气流较弱，声带不振动，如dǒudòng（抖动）中的d。

（9）t［t‘］舌尖中、送气、清、塞音。发音时，舌尖紧抵上齿龈，口腔通道完全阻塞，口腔蓄有空气，同时软腭上升堵塞鼻腔通道，舌尖与齿龈的阻塞突然打开，让气流冲破阻碍爆发而出，气流较强，声带不振动，如túténg（图腾）中的t。

（10）n［n］舌尖中、浊、鼻音。发音时，舌尖紧抵上齿龈，口腔通道完全阻塞，同时软腭下降打开鼻腔通道，气流同时到达鼻腔和口腔，气流振动声带，从鼻腔流出形成鼻音，如néngnài（能耐）中的n。

（11）l［l］舌尖中、浊、边音。发音时，舌尖抵住上齿龈，阻塞口腔中路通道，两边留有空隙，同时软腭上升堵塞鼻腔通道，气流振动声带，从舌头两边或一边通过，如liúlì（流利）中的l。

（12）zh［tʂ］舌尖后、不送气、清、塞擦音。发音时，舌尖上翘，抵住硬腭前部，口腔通道完全阻塞，同时软腭上升堵塞鼻腔通道，口腔中蓄气，然后舌尖放松，较弱的气流把舌尖和硬腭的阻碍冲开一道窄缝，并从中挤出，摩擦成声，声带不振动，如zhízhèng（执政）中的zh。

（13）ch［tʂ‘］舌尖后、送气、清、塞擦音。发音时，舌尖上翘，抵住硬腭前部，口腔通道完全阻塞，同时软腭上升堵塞鼻腔通道，口腔中蓄气，然后舌尖放松，较强的气流把舌尖和硬腭的阻碍冲开一道窄缝，并从中挤出，摩擦成声，声带不振动，如chāchē（叉车）中的ch。

（14）sh［ʂ］舌尖后、清、擦音。发音时，舌尖翘起，接近硬腭前部，中间留出一条窄缝，同时软腭上升堵塞鼻腔通道，气流从舌尖与硬腭之间的狭窄通道摩擦而出，声带不振动，如shūshì（舒适）中的sh。

（15）r［ʐ］舌尖后、浊、擦音。发音时，舌尖翘起，接近硬腭前部，中间留出一条窄缝，同时软腭上升堵塞鼻腔通道，气流振动声带，从舌尖与硬腭之间的狭窄通道摩擦而出，如róuruò（柔弱）中的r。

（16）j［tɕ］舌面前、不送气、清、塞擦音。发音时，舌面前部抵住硬腭前部，口腔通道完全阻塞，同时软腭上升堵塞鼻腔通道，口腔中蓄气，然后舌面稍降，较弱的气流把舌面和硬腭的阻碍冲开一道窄缝，并从中挤出，摩擦成声，声带不振动，如jùjí（聚集）中的j。

（17）q［tɕ‘］舌面前、送气、清、塞擦音。发音时，舌面前部抵住硬腭前部，口腔通道完全阻塞，同时软腭上升堵塞鼻腔通道，口腔中蓄气，然后舌面稍降，较强的气流把舌面和硬腭的阻碍冲开一道窄缝，并从中挤出，摩擦成声，声带不振动，如qìqiú（气球）中的q。

（18）x［ɕ］**舌面前、清、擦音**。发音时，舌面前部向上隆起，接近硬腭前部，中间留出一条窄缝，同时软腭上升堵塞鼻腔通道，气流从舌面与硬腭之间的狭窄通道摩擦而出，声带不振动，如xìxīn（细心）中的x。

（19）g［k］**舌根、不送气、清、塞音**。发音时，舌面后部即舌根抵住软腭，口腔通道完全阻塞，让少量的气流留在口中，同时软腭后部上升堵塞鼻腔通道，突然降下舌面，让口中的气流爆发而出，气流较弱，声带不振动，如gùgōng（故宫）中的g。

（20）k［k‘］**舌根、送气、清、塞音**。发音时，舌面后部即舌根抵住软腭，口腔通道完全阻塞，留在口腔中的气流比较多，同时软腭后部上升堵塞鼻腔通道，突然降下舌面，让口中的气流爆发而出，气流较强，声带不振动，如kāikěn（开垦）中的k。

（21）h［x］**舌根、清、擦音**。发音时，舌面后部即舌根接近软腭，中间留出一个窄缝，同时软腭后部上升堵塞鼻腔通道，气流从舌根和软腭之间的窄缝中摩擦而出，声带不振动，如huǎnhé（缓和）中的h。

（22）ng［ŋ］**舌根、浊、鼻音**。发音时，舌面后部即舌根抵住软腭，口腔通道完全阻塞，同时软腭下降打开鼻腔通道，气流同时到达鼻腔和口腔，气流振动声带，从鼻腔流出形成鼻音。在普通话中，［ŋ］只出现在音节末尾，如chéngzhǎng（成长）中的ng。

第二节

音 位

一、音位及音位归纳

什么是音位?

音位是语言中具有区别意义作用的最小的语音单位，它是按照语音的辨义作用归纳出的语音类别。音位是从语音的社会属性的角度划分出来的，音位总是属于一定语言的，离开了特定的语言，音位就失去了它赖以存在的基础。

不同语言具有不同的音位系统，某个音是否属于独立的音位主要看它是不是有区别意义的作用。具有区别作用的归于不同的音位，不具区别作用而又发音相似的可以归于同一个音位。比如，在英语中，[t]只出现在[s]的后面，如star，[t‘]只出现在词的开头和其他位置，如tea，如果把这两个音弄混了，别人只会感觉发音不地道，但却不影响对意义的理解，所以，在英语中[t]和[t‘]没有区别意义的作用，属于同一个音位。而在汉语中，如果把dào中的[t]读成[t‘]，就成了tào，就变成了另一个词另一个意思，所以在汉语中，[t]和[t‘]有区别意义的作用，属于两个音位。

音位的具体类别有哪些?

1. **音质音位**。从音质的角度对音素进行分析归纳出的音位叫音质音位。音质音位主要由音素成分构成，上例中汉语中[t]和[t‘]就是音质音位。

2. **非音质音位**。也叫超音段音位，指的是具有区别意义作用的音高、音强和音长等语音要素。主要包括：

(1)调位：具有区别意义作用的音高变化形成的音位。汉语中的声调就是由音高构成的音位，普通话有四个调位。

(2)重位：在有些语言中，重音有区别意义的作用，称为重位。比如，英语中的present，当重音在第一个音节时读作['preznt]，是名词“礼物”的意思，当重音在第二个音节时读作[pri'zent]，是动词“提出、呈现”的意思。

(3)时位：声音的长短即音长有时也有区别意义的作用，这种音位称为时位，如英语中的it[it]和eat[i:t]。

音位归纳应该遵循哪些基本原则?

1. 对立辨义原则

音位有区别意义的作用。看一个音有无区别意义的作用，最简单有效的方法是把不同的音放在相同的语音环境中，看是否会产生不同的意义。出现在相同的语音环境中的两个音，彼此替换后会产生不同的意义，这两个音素就是对立的，必须归为两个音位，这就是音位归纳的对立辨义原则。比如，在汉语普通话中，对于同一个语音环境［_u⁵¹］，音位b［p］、p［p‘］分别放入其中就会产生不同的意思，如“布bù”和“瀑pù”，所以b［p］和p［p‘］在汉语普通话中就是两个音位。

2. 互补分布原则

有一些音素永远不能在相同的语音环境中出现，而且它们的分布条件是互相补充的，那么这些音素就是互补关系，可以归为一个音位，这就是音位归纳的互补分布原则。比如，在汉语普通话中，ɑ在音节末尾即后面没有别的音时读［ᴀ］，如韵母iɑ和uɑ；ɑ出现在［i］和［n］之间读［ɛ］，如韵母iɑn；ɑ出现在［y］和［n］之间读［æ］，如韵母üɑn；ɑ出现在［u］或［ŋ］之前读［ɑ］，如韵母ɑo和ɑng；ɑ在其他情况下读［a］，如韵母uɑi、uɑn。［ᴀ］、［ɛ］、［æ］、［ɑ］、［a］这几个音分别在特定的语音环境中出现，形成了互补关系，就可以归为一个音位。

3. 语音相似原则

上面讲的互补分布原则是音位归纳的可能原则，但不是必行原则，在使用互补原则时，还要参照语音相似原则。也就是说，处于互补关系中的不同的音最终是否归为同一个音位，还要考虑这些音是否有相似性，语音相似的可以归为同一个音位，语音不相似的即使处于互补关系中也不能归为同一个音位。比如，在汉语普通话中，［e］只出现在［i］之前，［o］不能出现在［i］之前，形成互补关系，但它们的语音不相似，因此并未归为同一个音位。

音位归纳的变通处理

一般来说，归纳音位时，先用替换法找出处于对立关系中的音归为不同的音位。对于处于互补关系中的音，要按照语音相似原则考虑归为相同的音位或不同的音位。但是有时在遇到一些特殊情况时，可以考虑具体情况做一定的变通处理。比如，在汉语普通话中，辅音j［tɕ］、q［tɕ‘］、x［ɕ］从来不能出现在ɑ及以ɑ开头的韵母和u及以u开头的韵母前面，而辅音z［ts］、c［ts‘］、s［s］和zh［tʂ］、ch［tʂ‘］、sh［ʂ］及g［k］、k［k‘］、h［x］都只出现在ɑ及以ɑ开头的韵母和u及以u开头的韵母前面，这样j［tɕ］、q［tɕ‘］、x［ɕ］和另三组都形成了互补关系。从理论上来说，可以把j［tɕ］、q［tɕ‘］、x［ɕ］和其中的任意一组合并归为同一个音位，但专家在制定《汉语拼音方案》时并没有这么做，而是把它们单列出来作为独立的音位，这样可以避免在具体的学习使用中产生不必要的混淆。

音位归纳的原则是语音学家分析制定一种语言的语音系统时考虑的原则，今天我们学习某种语言，只要学习前人已经归纳出来的具体的音位系统就可以了，不需要我们自己去分析归纳，但了解这些原则和变通处理可以帮助我们理解具体的音位系统。■

二、音位变体

什么是音位变体？

同一音位出现在不同语音环境中的相似的音可以被看成是同一个音位在不同位置上的代表，是同一个音位不同的变异形式，这些不同的音都是这个音位的音位变体。

音位和音位变体的表示方法

在语音学中，一般用/ /表示音位，[ ] 表示具体的音位变体，如普通话中的音位/a/包含 [ᴀ]、[ε]、[æ]、[ɑ]、[a] 几个变体。"变体"并不是相对于"正体"而言的，一个音位中所有的成员都是变体。某个音位的名称只是被选出来代表这个音位的一个变体，这个被选的变体常常是比较常用的音标符号。比如，英语中的 [t] 和 [t‘] 不起区别意义的作用，发音相似，是同一个音位的两个变体。从理论上说，这个音位可以写成/t/，也可以写成/t‘/，但一般总是写作/t/，因为它比较常用。

音位变体的分类

1. 条件变体

受到语音环境的制约而只能在一定条件下出现的音位变体叫作条件变体，如汉语普通话中的音位/i/包括 [i]、[ɿ]、[ʅ] 三个音位变体。这三个变体的出现是有条件限制的，[ɿ] 只能出现在z [ts]、c [ts‘]、s [s] 之后，[ʅ] 只能出现在zh [tʂ]、ch [tʂ‘]、sh [ʂ]、r [ʐ] 之后，[i] 只能出现在这两个条件之外的其他情况中，因此 [i]、[ɿ]、[ʅ] 是音位/i/的条件变体。

2. 自由变体

如果不同的音可以在同样的语音环境中自由替换而不起区别意义的作用，这些音就可以看作同一个音位的自由变体。比如，在汉语有些方言中，

z [ts]、c [ts‘]、s [s] 和zh [tʂ]、ch [tʂ‘]、sh [ʂ] 是不分的，可以无条件混读，也就是说，“四（sì）”可读为“是（shì）”，“是（shì）”也可读为“四（sì）”，这时s [s] 和sh [ʂ] 就可以看作是同一个音位的自由变体。

音位和音素有什么区别和联系?

1. 考察角度不同

音素是从语音的物理属性尤其是音色的角度划分出来的语音单位，研究音素时常常关注其生理角度的发音部位和发音方法。音位是从语音的社会属性角度划分出来的语音单位，研究音位时常常关注其区别意义的作用及具体的出现条件。

2. 音位不一定包含音素

音位可以是不同的音素按照辨义功能分出的，即音质音位。音质音位可以包含一个或多个音素。比如，汉语普通话中的音位/i/包括 [i]、[ɿ]、[ʅ] 三个音素，这三个音素是音位变体。音位也可以不包含音素。比如，调位、重位和时位分别是依据音高、音强和音长的辨义作用归纳出的音位，这些音位和音素没有关系，因此是非音质音位。

三、《汉语拼音方案》与普通话音位

什么是《汉语拼音方案》?

《汉语拼音方案》（Chinese Phonetic System）是1958年2月由第一届全国人民代表大会第五次会议批准的中国法定的拼音方案，它的主要作用是给汉字注音和拼写普通话，是学习汉字和推广普通话的工具。《汉语拼音方案》在制定时采用国际通用的26个字母，未增加新字母，并采用拉丁字母通用的字母表顺序，确定了汉语拼音字母的名称。中国的小学生入学后，一般先学汉语拼音，然后用拼音帮助识字。在推广普通话和外国人学习汉语方面，现在也一般采用《汉语拼音方案》作为主要工具。

《汉语拼音方案》包括哪些内容?

《汉语拼音方案》包括：（1）字母表：26个字母及其名称；（2）声母表：

21个声母及其名称；（3）韵母表：《汉语拼音方案》列出35个韵母及其名称，对单韵母-i［ʅ］、-i［ɿ］、er、ê做了特别说明，规定了零声母音节的拼写规则及某些韵母的省写规则；（4）声调符号：《汉语拼音方案》列出四种声调符号及标调位置；（5）隔音符号：规定隔音符号’的使用情况。

《汉语拼音方案》

本书的附录一是完整的《汉语拼音方案》，请阅读参考。■

汉语普通话的音位有哪些？

根据《汉语拼音方案》的归纳，普通话的音位包括辅音音位、元音音位和声调音位三部分。

1. 普通话辅音音位

普通话里共有22个辅音音位，《汉语拼音方案》用22组字母代表这些辅音音位（其中四个是双字母），具体如下表：

/p/b	bà爸	/pʻ/p	pà怕	/m/m	mà骂	/f/f	fā发
/ts/z	zá砸	/tsʻ/c	cā擦	/s/s	sà萨		
/t/d	dà大	/tʻ/t	tà踏	/n/n	nà那	/l/l	là辣
/tʂ/zh	zhà炸	/tʂʻ/ch	chā插	/ʂ/sh	shā杀	/ʐ/r	rè热
/tɕ/j	jiā家	/tɕʻ/q	qiā掐	/ɕ/x	xiā虾		
/k/g	gà尬	/kʻ/k	kǎ卡	/x/h	hā哈	/ŋ/ng	áng昂

普通话辅音音位变体

1. 除/f/和/ŋ/外，所有的辅音在圆唇元音之前都会因为同化作用而产生一个圆唇的音位变体，如“毒”［tu］中辅音［t］发音时双唇会拢圆。国际音标中在下面加符号w表示圆唇化的辅音，即［t̫］。

2. 不送气辅音在轻声音节里会因为前后浊音的影响而产生相应的浊辅音的变体，如“好吧”中“吧”的实际读音为［bA］，［p］浊化成了［b］。

3. 舌根音后接前元音时会产生一个发音部位前移的变体，如“给”［kei］中辅音［k］实际发音时发音部位会靠前一些。国际音标中在下面加符号+表示发音部位前移的辅音，即［k̟］。

4. 舌尖中音在与i及以i开头的音相拼时，舌面会接近硬腭，使发出的音具有舌面音的音色，这种音叫作腭化音。比如，“你”[ni]中辅音[n]发音时会带有腭化音色彩，国际音标在右下角加一个小j表示腭化音，即[n_j]。

5. /ʐ/有两个音位变体，在音节开头作声母时读[ʐ]，在卷舌韵母和儿化音节中标为[r]。事实上，这只是一个表示卷舌动作的符号，并没有实际的读音。

上述的前四种辅音变体对于本族人来说是很难察觉的，这种变体对语音表义作用影响不大，因此在国际汉语教学中一般忽略不提，但作为教师，需要了解这些基本知识。字母r代表的两个音位变体在教学中必要时可做提示说明。■

2. 普通话元音音位

普通话中共有六个元音音位，《汉语拼音方案》用六个字母来表示：

/a/ɑ　/o/o　/e/e　/i/i　/u/u　/y/ü

普通话元音音位变体

■ /a/ɑ的音位变体

/a/ɑ	[A]	在音节末尾后无其他音时，如韵母iɑ [iA]、uɑ [uA]
	[ɛ]	在[i]和[n]之间，如韵母iɑn [iɛn]
	[æ]	在[y]和[n]之间，如韵母üɑn [yæn]
	[ɑ]	在[u]或[ŋ]之前，如韵母ɑo [ɑu]、ɑng [ɑŋ]
	[a]	在其他情况下，如韵母uɑi [uai]、uɑn [uan]

■ /o/o的音位变体

/o/o	[o]	单独作韵母在唇音声母后，如“波”[po]
		在[u]之后，如韵母uo [uo]
		在[u]之前，如韵母ou [ou]

■ /e/e的音位变体

/e/e	[ɤ]	单独作韵母时，如“的”[tɤ]
	[e]	在[i]之前，如韵母ei [ei]
	[ɛ]	在[i]或[y]之后且后无其他音时，如韵母ie [iɛ]、üe [yɛ]
	[ə]	在鼻韵母中韵尾[n]或[ŋ]之前，如韵母en [ən]、eng [əŋ]
		在轻声音节中，如“么”[mə]
		在表示卷舌作用的[r]之前，如“鸡儿”[tɕiər]

■ /i/i的音位变体

/i/i	[ɿ]	在舌尖前声母z、c、s后作单韵母，如“字”[tsɿ]
	[ʅ]	在舌尖后声母zh、ch、sh、r后作单韵母，如“日”[ʐʅ]
	[ɪ]	在音节末尾后无其他音时，如韵母ai[aɪ]、ei[eɪ]
	[i]	其他韵母中，如韵母in[in]、iang[iaŋ]

■ /u/u的音位变体

/u/u	[ɷ]	在[ɑ]或[o]之后且后无其他音时，如韵母ao[ɑɷ]、ou[oɷ]
	[ʋ]	在唇齿声母[f]之后，如“富”[fʋ]
	[w]	在韵母开头且该韵母自成音节时，如“完”[wan]、“位”[wei]
	[u]	其他韵母中，如u[u]、un[un]、uai[uai]、uei[uei]

■ /y/ü的音位变体

/y/ü	[y]	在声母之后的韵母中，如ü[y]、üe[yɛ]、ün[yn]、üan[yæn]
	[ɥ]	在韵母开头且该韵母自成音节时，如“月”[ɥɛ]、“云”[ɥn]

国际音标的宽式与严式

■ 宽式音标：标音时，只标记音位，不标记音位变体及相关的伴随现象，因此又称为“音位标音”。宽式音标用有限的音标数目就能把一种语言的音系标示清楚，比较简单明了。一般介绍语音时，常使用宽式音标，如汉语普通话中的韵母ei常常标成[ei]。

■ 严式音标：在记录一种语音时，对出现的每一个实际音素都用特定的音标记下来，一般用一个音标和一个附加符号来记录具体的音素或音位变体及其出现的伴随现象，因此也称为“音素标音”。严式音标能最细致、最真实地记录语音的原貌。语音学家等在研究语音时常用严式音标。汉语普通话在介绍特殊的发音过程或具体说明特殊的音位变体时一般使用严式音标。比如，韵母ei的宽式音标为[ei]、严式音标为[eɪ]，韵母ao宽式音标为[ɑu]、严式音标为[ɑɷ]。

3. 普通话声调音位

普通话中共有四个声调音位，即：

/1/ [55]　/2/ [35]　/3/ [214]　/4/ [51]

《汉语拼音方案》中分别称为阴平、阳平、上升和去声，分别用ˉ ˊ ˇ ˋ四个符号表示。

普通话声调音位变体

1. 轻声变体：轻声是一种读得又轻又短的音节。在具体的语流中，普通话的四个声调都有可能变为轻声音节，因此它们都有一个轻声变体。但是每种声调变成轻声后的音高值都不太固定，很难归纳出统一的独立调位。

2. 上声变体：这是普通话声调中最常见最重要的一种变体，也是学习普通话必须掌握的内容。

/3/ [214]	[214] / [211]	在句尾或单用时，如“我很好 [214] / [211]。”“好” [214] / [211]！”
	[35]	在上声前面时，如“好 [35] 久”
	[21]	在阴平、阳平、去声前面时，如“好 [21] 吃”、“好 [21] 玩”、“好 [21] 看”

《汉语拼音方案》在制定拼音字母时的特殊处理

音位分析理论是设计拼音文字的重要理论依据。《汉语拼音方案》在拟定时基本遵循了音位分析的原则，但考虑到具体使用时的方便简洁，《汉语拼音方案》有一些特殊的处理：

（1）有些韵母中u或ü改为o。ao的实际发音是 [ɑu]，写成au容易和an混淆，因此写成了ao；ong的实际发音是 [uŋ]、iong的实际发音是 [yŋ]，如果按实际发音写成ung和üng，两者很容易混淆，为了易于辨认，所以写成了ong和iong。

（2）三个韵母省写。《汉语拼音方案》规定iou、uei、uen三个复韵母在前面加声母的时候，省写成iu、ui、un，这样是为了避免音节过长。

（3）y、w的使用。《汉语拼音方案》规定i、u、ü及以其开头的音节自成音节时要用y、w来改写，这是为了起到分隔音节的作用。

（4）ü上两点的省略。《汉语拼音方案》规定ü在j、q、x后的韵母中出现时要去掉上面的两点变成u，但实际的发音是 [y] 而不是 [u]。

（5）韵母ie、üe中e表示的音素。e在韵母ie、üe中的实际发音是 [ɛ]，该音素在单用时要写成ê，因此在音节结构①分析中，ie、üe的主要元音即

① 关于音节结构的相关知识，请参看本书知识篇第四章第二节。

韵腹[1]要写成ê。

思考

1. 什么是音素？音素有哪些类别？
2. 什么是元音？什么是辅音？元音和辅音有什么区别？
3. 元音和辅音的音色分别是由哪些因素决定的？
4. 元音和辅音分别有哪些类别？
5. 怎样对一个具体的元音和辅音进行描写？
6. 汉语普通话中的元音和辅音有哪些？它们分别应怎么描写？
7. 什么是音位？音位有哪些类别？
8. 音位归纳应遵循哪些基本原则？
9. 什么是音位变体？怎样具体表示音位和音位变体？音位变体有哪些类别？
10. 音位和音素有什么区别和联系？
11. 什么是《汉语拼音方案》？它包含哪些内容？
12. 汉语普通话的音位有哪些？
13. 《汉语拼音方案》在制定拼音字母时有哪些特殊处理？

测验

一、填空

1. 音素是从__________的角度划分出来的最小的语音单位。音位是从语音的__________的角度划分出来的最小的语音单位。
2. 音素可以分为__________和__________。音位可以分为__________和__________。
3. 常见的元音类别有__________、__________、__________和__________。
4. 舌面后、高、圆唇元音是__________。
5. 辅音的发音过程一般分为__________、__________和__________三部分。

---

[1] 关于韵腹的相关知识，请参看本书知识篇第三章第二节“复韵母有什么样的结构特点”。

6. 辅音的音色是由________和________决定的。

7. 汉语中的唇齿音是________，它的发音部位是________和________。

8. 汉语中的5个浊辅音是________、________、________、________和________。

9. 音位归纳应遵循的基本原则有________、________和________。

10. 语音学中常用符号//表示________，同时用符号 [ ] 表示具体的________。

11.《汉语拼音方案》包括________、________、________、________和________。

12. 普通话音位系统包括________、________和________三部分。

二、判断

1. 汉语的"zhuo"包含四个音素。 ( )

2. 口腔开口度的大小和舌位的高低关系密切，开口度越大，舌位越高。 ( )

3. 韵母er中"r"的发音是[r]。 ( )

4. 发元音时声带一定振动，发辅音时声带一定不振动。 ( )

5. 辅音z和zh的发音部位不同，发音方法相同。 ( )

6. 送气音和不送音一般是只相对于塞音和塞擦音来说的。 ( )

7. 在一种语言中，每个清音都有一个对应的浊音。 ( )

8. 汉语普通话中，[i]、[ɿ]、[ʅ] 是音位/i/的3个自由变体。 ( )

9. 音位一定包含至少一个音素。 ( )

10. 汉语普通话中有22个辅音音位，每个辅音音位用一个字母来表示。 ( )

三、选择

1. 前元音、央元音和后元音是从（ ）的角度划分出来的。

A 嘴唇的形状　B 舌位的前后　C 舌头的高低　D 开口度的大小

2. 舌面元音 [i] 和 [y] 的区别是（ ）。

A 嘴唇的形状　B 舌位的前后　C 舌头的高低　D 开口度的大小

3. 拼音"zhǐ"中"i"代表的实际读音是（ ）。

A [i]　B [I]　C [ɿ]　D [ʅ]

4. 下列（ ）不是考察辅音发音方法的因素。

A 除阻方式　B 阻碍部位　C 气流强弱　D 声带振动

5. 从发音部位看，下列（ ）和其他音不是一个类别。

A z　B c　C s　D r

6. 从发音方法看，下列（ ）和其他音不是一个类别。

A b　B d　C j　D g

7. 清音和浊音是从（　　）角度划分出来的类别。

A 除阻方式　　B 阻碍部位　　C 声带振动　　D 气流强弱

8. 韵母ao代表的实际读音是（　　）。

A [ɑo]　　B [ɑu]　　C [au]　　D [an]

9. 下列（　　）和其他音不属于同一音位。

A [ᴀ]　　B [æ]　　C [ɤ]　　D [a]

10. 下列（　　）和其他类音的考察角度不同。

A 清音　　B 颤音　　C 边音　　D 闪音

四、问答

1. 普通话辅音的发音部位和发音方法各包括哪些种类？请模仿国际音标辅音表列出普通话中所有的辅音。

2.《汉语拼音方案》在制定拼音字母时有哪些特殊处理？

第三章

汉语普通话声韵调

导读

声母、韵母和声调是普通话语音的三大组成部分，对此每一个中国人都不陌生。但是作为一名国际汉语教师，您应该详细了解：什么是声母、韵母和声调？普通话的声母、韵母和声调分别都有哪些？每个声母、韵母及声调的发音特点是什么？用什么样的方法可以发好相应的音？本章将为您系统地梳理这些方面的内容。

第一节

声 母

什么是声母？

声母是汉语音节开头的辅音，是从音节的角度划分出来的语音单位。比如，在xué这个音节中，x是音节开头的辅音，在普通话中就叫声母。

音 节

音节是一种语音单位，是语音的基本结构单位。本书将在第四章详细介绍汉语普通话音节的相关内容。■

普通话的声母与辅音

汉语普通话共有21个声母，22个辅音。所有的声母都是辅音。辅音中ng不能作声母，只能作韵母的组成部分。n既能作声母，又能充当韵母的组成部分。

21个声母	b p m f d t n l g k h j q x zh ch sh r z c s
22个辅音	b p m f d t n l g k h j q x zh ch sh r z c s ng

y和w是声母吗?

中国的小学一般把y、w当成两个单独的声母教学，所以有人认为y、w也是声母。事实上，y、w只是两个起隔音作用的字母。《汉语拼音方案》规定了y、w的使用规则，其作用是在零声母音节中把音节隔开，避免与其他音节界限混淆。

在国际汉语教学中，有的教师或教材也会把y、w当成单独的声母，但目前看来这样做的情况比较少。因为事实上，y代表的是单韵母i或ü的发音，如you和yuan，w代表的是单韵母u的发音，如wen，或者y、w只是起隔音作用不发音，如yi、yu和wu。如果把它们当成单独的声母，容易给学生造成y发[j]音、w发[w]音进而再和其后的韵母相拼的误解，导致学生读这类音节的时候常常读错。因此国际汉语教学中比较常见的方式是把零声母音节作为一个特殊的类别单独讲解或者把y、w的使用作为一条单独的规则特别介绍。■

普通话声母的分类

普通话中所有的声母都是辅音。在本书的第二章我们已经知道，辅音可以从发音部位和发音方法两个方面去考察和分类，那么，声母也可以从这两个方面进行分类。

1. 按发音部位分，普通话声母可以分为七类。

双唇音	由上唇和下唇阻塞气流而形成	b p m
唇齿音	上齿和下唇接近阻碍气流而形成	f
舌尖前音	舌尖抵住或接近齿背阻碍气流而形成	z c s
舌尖中音	舌尖抵住上齿龈阻碍气流而形成	d t n l
舌尖后音	舌尖抵住或接近硬腭前部阻碍气流而形成	zh ch sh r
舌面音	舌面前部抵住或接近硬腭前部阻碍气流而形成	j q x
舌根音	舌面后部抵住或接近软腭阻碍气流而形成	g k h

2. 从发音方法看，可以从三个方面对普通话声母进行具体的分类。

（1）根据气流形成阻碍和解除阻碍方式的不同，可以把普通话声母分为五类。

塞音	发音部位形成阻塞，软腭上升，堵塞鼻腔通道，气流冲破阻碍，迸裂而出，爆发成声。	b p d t g k
擦音	发音部位接近，留下窄缝，软腭上升，堵塞鼻腔通道，气流从窄缝中挤出，摩擦成声。	f s sh r x h
塞擦音	发音部位先形成阻塞，软腭上升，堵塞鼻腔通道，然后气流把阻塞部位冲开一条窄缝，从中挤出，摩擦成声。先破裂，后摩擦，结合成一个音。	z c zh ch j q
鼻音	口腔中的发音部位完全阻塞，软腭下降，打开鼻腔通道，气流振动声带，从鼻腔通过发音。	m n
边音	舌尖与上齿龈接触，舌头的两边仍留有空隙，同时软腭上升，堵塞鼻腔通道，气流振动声带，从舌头的两边或一边通过发音。	l

（2）根据发音时声带是否振动，可以把普通话声母分为两类。

清音	发音时声带不振动	b p f z c s d t zh ch sh j q x g k h
浊音	发音时声带振动	m n l r

（3）塞音和塞擦音发音时气流冲破阻碍破裂而出时会有强弱的区别，根据口腔呼出的气流的强弱又可以把塞音和塞擦音分为两类。

送气音	发音时口腔呼出的气流比较强	p t k c ch q
不送气音	发音时口腔呼出的气流比较弱	b d g z zh j

怎样对普通话声母进行描写?

按照上面的分类，每个声母在发音部位和发音方法上都有不同的属性，因此可从这些方面来综合描写一个声母。比如，b是双唇音、不送气音、清音、塞音，也可以简单地概括为“双唇不送气清塞音”。

普通话21个声母的发音特点描写

（1）b [p] 双唇、不送气、清、塞音

（2）p [p‘] 双唇、送气、清、塞音

（3）m [m] 双唇、浊、鼻音

（4）f [f] 唇齿、清、擦音

（5）z [ts] 舌尖前、不送气、清、塞擦音

（6）c [ts‘] 舌尖前、送气、清、塞擦音

（7）s [s] 舌尖前、清、擦音

（8）d［t］舌尖中、不送气、清、塞音

（9）t［t‘］舌尖中、送气、清、塞音

（10）n［n］舌尖中、浊、鼻音

（11）l［l］舌尖中、浊、边音

（12）zh［tʂ］舌尖后、不送气、清、塞擦音

（13）ch［tʂ‘］舌尖后、送气、清、塞擦音

（14）sh［ʂ］舌尖后、清、擦音

（15）r［ʐ］舌尖后、浊、擦音

（16）j［tɕ］舌面前、不送气、清、塞擦音

（17）q［tɕ‘］舌面前、送气、清、塞擦音

（18）x［ɕ］舌面前、清、擦音

（19）g［k］舌根、不送气、清、塞音

（20）k［k‘］舌根、送气、清、塞音

（21）h［x］舌根、清、擦音

这些声母的具体发音方法可以参看本书第二章“汉语普通话中的辅音有哪些”中的说明。

声母的本音和呼读音

本音是声母本来的音。声母的本音不响亮，除m、n、l、r四个声母外，其他声母发音时，声带都不振动，因而发出的声音又轻又短，几乎听不出来。

但是我们平时说出一个声母的时候并不是模糊不清的，而是常常听得很清楚，甚至感觉发每一个声母时声带都在振动，这是为什么呢？这是因为平时说出一个声母的时候用的是声母的呼读音。

在实际的朗读和教学中，为了说着方便、听着响亮清楚，常常在声母的本音后面附加一个单韵母，这样发出来的音就是呼读音。

本音	呼读音
b p m f	b(u)o p(u)o m(u)o f(u)o
d t n l g k h	de te ne le ge ke he
j q x	ji qi xi
zh ch sh r	zhi chi shi ri
z c s	zi ci si

念声母的呼读音时要注意两点：一是每个音都读一声，二是要把声母后面附加的单韵母读得又轻又短。

第二节

韵 母

什么是韵母?

韵母指的是汉语音节中声母后面的部分，如“花huā”中“ua”是韵母。韵母是普通话音节的主要组成部分，一个音节可以没有声母，但必须要有韵母。换言之，没有韵母，就不能称其为音节。

声母韵母、辅音元音两组概念有什么关系?

1. 辅音和元音是从音素本身的性质的角度划分的语音类别，每种语言中都有辅音和元音。

2. 声母和韵母是汉语普通话中从音节的结构特点的角度划分的语音类别，这是汉语普通话中特有的概念。

3. 声母韵母与辅音元音并没有整齐的对应关系。

4. 在普通话中，所有的声母都是辅音，但并不是所有的辅音都是声母，辅音ng不能作声母。

5. 在普通话中，有的韵母是由元音构成的，有的韵母是由元音和辅音一起构成的，普通话韵母中有两个辅音构成成分，就是n和ng。■

普通话韵母的分类

根据韵母构成成分的不同，可以把韵母分为两类：单韵母和复韵母。单韵母是由一个音素构成的，复韵母是由两个或三个音素构成的。

汉语普通话中的单韵母都是由一个元音音素构成的，所以是单元音韵母。

复韵母又分为两类：一类是由两个或三个元音构成的，称为复元音韵母；一类是由元音和鼻辅音音素构成的，称为鼻韵母。

<table>
<tr><td rowspan="3">普通话韵母</td><td colspan="2">单韵母（单元音韵母）</td><td>由一个单元音构成，如e</td></tr>
<tr><td rowspan="2">复韵母</td><td>复元音韵母</td><td>由两个或三个元音构成，如ei，iao</td></tr>
<tr><td>鼻韵母</td><td>由元音和鼻辅音构成，如en、eng</td></tr>
</table>

一、单韵母

普通话的单韵母有哪些？

普通话一共有10个单韵母，因为都是元音，它们的发音特点可以从舌位的高低（开口度的大小）、舌位的前后和嘴唇的形状三个角度来考察。

在本书第二章我们介绍过汉语普通话的元音，这里把10个单韵母描写如下。每个韵母的发音方法可参看本书第二章“汉语普通话中的元音有哪些”中的说明。

（1）ɑ [ᴀ] 舌面、央、低、不圆唇元音

（2）o [o] 舌面、后、半高、圆唇元音

（3）e [ɤ] 舌面、后、半高、不圆唇元音

（4）i [i] 舌面、前、高、不圆唇元音

（5）u [u] 舌面、后、高、圆唇元音

（6）ü [y] 舌面、前、高、圆唇元音

（7）ê [ɛ] 舌面、前、半低、不圆唇元音

（8）-i [ɿ] 舌尖、前、高、不圆唇元音

（9）-i [ʅ] 舌尖、后、高、不圆唇元音

（10）er [ɚ] 卷舌、央、中、不圆唇元音

单韵母有什么样的发音特点？

单韵母非常重要的发音特点是：在整个发音的过程中，舌位的高低、舌位的前后及嘴唇的形状始终**保持不变**。

二、复元音韵母

什么是复元音韵母?

复元音韵母是由两个或三个元音组成的韵母，有的书中直接简称“复韵母”。汉语普通话中一共有13个复元音韵母，分别是：ɑi、ei、ɑo、ou、iɑ、ie、uɑ、uo、üe、iɑo、iou、uɑi、uei。

复元音韵母有什么样的发音特点?

（1）发音过程从一个元音向另一个元音过渡，舌位的高低、舌位的前后及嘴唇的形状会有一个变化过程，但这个过程是渐变的，不是跳跃的、突变的，同时气流不中断，各组成元音之间没有明显的界限，听起来是一个音。比如，ɑi不是ɑ—i—，舌位也不是一下子从最低升到最高的。

（2）构成复元音韵母的各个元音一般并不等于字母所代表的单元音韵母的音值，字母只是起标示舌位运动方向的作用。比如，ɑi中“ɑ”的实际发音并不是单元音韵母ɑ［ᴀ］的发音，而是要比它靠前一些。

（3）构成复元音韵母的各个元音在整个发音过程中的时长和响度不是均等的，其中往往有一个听起来较为响亮、清晰，而这个音在整个复元音韵母中所占的时间也比较长，如ɑi中ɑ最响，uo中o最响。

复元音韵母的分类及发音方法

根据发音时响亮元音位置的不同，可以把复元音韵母分为三类：

1. **前响复元音韵母**：ɑi、ei、ɑo、ou

这类韵母由两个元音组成，发音时前一个元音比后一个元音时间长且响亮，前后两个音的时长比例大致为6∶4。

（1）ɑi［ai］：先发［a］，注意舌位比单韵母ɑ［ᴀ］稍靠前一些，舌尖可以抵住下齿背，声音清晰响亮；然后舌面逐渐抬高向［i］的位置靠近，大约停在次高元音［ɪ］的位置，时间较短。舌位由低到高。口形由开变微合。

（2）ei［ei］：先发［e］，注意舌位比单韵母e［ɤ］靠前一些，声音清晰响亮；然后舌面逐渐抬高向［i］的位置靠近，大概停在次高元音［ɪ］的位置，时间较短。舌位由居中到高。口形由半开变合。

（3）ɑo［ɑu］：先发［ɑ］，这是舌面后低不圆唇元音，其舌位比单韵母

ɑ [A] 偏后，发音时舌尖远离下齿背，声音清晰响亮；然后舌面后缩，舌面向 [u] 的方向滑动升高，时间较短。舌位由低到高。口形由开变合，嘴唇逐渐拢圆。

（4）ou [ou]：先发舌面后元音 [o]，声音清晰响亮；然后舌面逐渐抬高向 [u] 的方向滑动，时间较短。舌位由居中到高。口形由半开变合，嘴唇逐渐拢圆。

2. 中响复元音韵母：iɑo、iou、uɑi、uei

由三个元音组成，发音时中间的元音比前后两个时间稍长稍响亮。

（5）iɑo [iɑu]：先发 [i]，很轻很短；然后舌位向后、低位滑动，口逐渐张开，舌尖远离下齿背，发出舌面后低元音 [ɑ]，较长较清晰；接着舌面向 [u] 的方向滑动升高，时间较短。舌位先降后升，由前到后。口形由合到开再到合（圆唇）。

（6）iou [iou]：先发 [i]，很轻很短；然后舌位向后、向下滑动，口稍稍张大，发出舌面后半高元音 [o]，较长且清晰；接着舌面向 [u] 的方向滑动升高，时间较短。舌位先降后升，由前到后。口形由合到半开再到合（圆唇）。

（7）uɑi [uai]：先发 [u]，很轻很短；然后舌位向前、向下滑动，口逐渐张大，舌尖可以抵住下齿背，发出舌面前低元音 [a]，较长且清晰；接着舌面向 [i] 的方向滑动升高，时间较短。舌位先降后升，由后到前。口形由合（圆唇）到开再到合。

（8）uei [uei]：先发 [u]，很轻很短；然后舌位向前滑动，口略微张开，发出 [e]，较长且清晰；接着舌面向 [i] 的方向滑动升高，时间较短。舌位先降后升，由后到前。口形由合（圆唇）到半开再到合。

3. 后响复元音韵母：iɑ、ie、uɑ、uo、üe

由两个元音组成，发音时前边的元音只表示舌位开始移动的位置，一般发得轻而短，后边的元音比前边的时间长且响亮。

（9）iɑ [iA]：先发 [i]，时间较短，发音较轻；然后舌位逐渐向下移动，口逐渐张开，舌尖稍微离开下齿背，发 [A]，时间较长，较响亮。舌位由高到低。口形由合变开。

（10）ie [iɛ]：先发 [i]，时间较短，发音较轻；然后舌位逐渐向半低位移动，口逐渐张开，发 [ɛ]，时间较长，较响亮。舌位由高到半低。口形由合变半开。

（11）ua［uA］：先发［u］，时间较短，发音较轻；然后舌位逐渐向下移动，口逐渐张开，舌尖稍微离开下齿背，发［A］，时间较长，较响亮。舌位由高到低。口形由合（圆唇）变为开。

（12）uo［uo］：先发［u］，时间较短，发音较轻；然后舌位逐渐向下移动，口逐渐张开，发［o］，时间较长，较响亮。舌位由高到半高。口形由合（紧圆）变为半开（较圆）。

（13）üe［yɛ］：先发［y］，时间较短，发音较轻；然后舌位逐渐向半低位移动，口逐渐张开，发［ɛ］，时间较长，较响亮。舌位由高到半低。口形由合（圆唇）变半开。

三、鼻韵母

什么是鼻韵母？

普通话中由元音加上鼻辅音构成的韵母叫鼻韵母。普通话中有两个鼻辅音可以构成韵母，一个是舌尖鼻音n，一个是舌根鼻音ng。鼻韵母一共有16个，分别是：an、ian、uan、üan、en、uen、in、ün、ang、iang、uang、eng、ueng、ing、ong、iong。

鼻韵母的分类

根据韵母中包含的鼻辅音的不同，可以把鼻韵母分为两类：一类是元音加舌尖鼻音n构成的韵母，称为前鼻音韵母；一类是元音加上舌根鼻音ng构成的韵母，称为后鼻音韵母。

前鼻音韵母	元音+n	an ian uan üan en uen in ün
后鼻音韵母	元音+ng	ang iang uang eng ueng ing ong iong

鼻韵母有什么样的发音特点？

鼻韵母的发音和复元音韵母一样，也是由一个音的发音动作向另一个音的发音动作变化而成的，只是后面的鼻辅音在音长与音量上都比前面的元音短小。当舌头运动到辅音的发音部位时，气流随即由鼻腔流出，发出鼻音，口腔发音器官已无动作，所以舌头仍然停在辅音的位置上。

前鼻音韵母和后鼻音韵母的发音有所不同，主要体现在两个方面：

（1）主要元音的发音不同。前鼻音韵母主要元音实际发音一般是前元音或央元音，后鼻音韵母主要元音实际发音则是央元音或后元音。因此，虽然对应的前后鼻音韵母用同一个字母代替，但其实际发音并不相同，如an中a的实际发音是前a［a］，ang中a的实际发音是后a［ɑ］。

（2）鼻辅音发音不同。首先是发音部位不同：发前鼻音n时，舌尖抵住上齿龈；发后鼻音ng时，舌面后部高高隆起，舌根尽力后缩，抵住软腭。其次是口形不同：发前鼻音n时，上下门齿是相对的，口形微开；发后鼻音ng时，上下齿离得远一点，口形较开。因此，成组的前鼻音韵母和后鼻音韵母的区别可以从口形上去观察。前鼻音韵母发音时口形微开，上下齿相对，可看见牙齿；后鼻音韵母发音时口形较开，不易看到牙齿，如an和ang、en和eng。

普通话鼻韵母的发音方法

1. 前鼻音韵母

（1）an［an］：先发［a］，注意舌位比单韵母a［ʌ］稍靠前一些，舌尖可以抵住下齿背，声音清晰响亮；然后舌位逐渐上升，舌尖抵住上齿龈，封闭口腔通路，同时软腭和小舌下垂，打开鼻腔通路，发出清晰的前鼻音［n］。口形由开变合。

（2）ian［iɛn］：先发［i］，时间很短；然后口形由合变开，舌面降低，向a的位置靠近，由于受前后音的影响，发音部位是在前不圆唇半低元音［ɛ］的位置上；发出［ɛ］后，舌尖抬起抵住上齿龈，封闭口腔通路，同时软腭和小舌下垂，打开鼻腔通路，口腔闭合，发出清晰的前鼻音［n］。整个发音过程中口形由合变开再变合。

（3）uan［uan］：先圆唇，发一个非常轻短的［u］；然后口形由合（圆唇）变开，舌面降低，向a的位置靠近，发出清晰的［a］；接着舌尖抬起抵住上齿龈，封闭口腔通路，同时软腭和小舌下垂，打开鼻腔通路，口腔闭合，发出清晰的前鼻音［n］。整个过程中口形由合（圆唇）变开再变合。

（4）üan［yæn］：先圆唇，发一个非常轻短的［y］；然后口形由合（圆唇）变开，舌面降低，向a的位置靠近，在比［a］稍高的位置发出清晰的

[æ]；接着舌尖抬起抵住上齿龈，封闭口腔通路，同时软腭和小舌下垂，打开鼻腔通路，口腔闭合，发出清晰的前鼻音 [n]。整个过程中口形由合（圆唇）变开再变合。

（5）en [ən]：先发舌面央元音 [ə]；声音清晰响亮；然后舌位逐渐上升，舌尖抵住上齿龈，封闭口腔通路，同时软腭和小舌下垂，打开鼻腔通路，发出清晰的前鼻音 [n]。口形略有开合。

（6）uen [uən]：先圆唇，发一个非常轻短的 [u]；然后口形由合（圆唇）变开，舌面降低，向中央位置靠近，发出清晰的央元音 [ə]；接着舌尖抬起抵住上齿龈，封闭口腔通路，同时软腭和小舌下垂，打开鼻腔通路，口腔闭合，发出清晰的前鼻音 [n]。整个过程中口形由合（圆唇）变开再变合。

（7）in [in]：先发 [i]，声音清晰响亮；然后舌尖抬起抵住上齿龈，封闭口腔通路，同时软腭和小舌下垂，打开鼻腔通路，发出清晰的前鼻音 [n]。口形始终保持发 [i] 的口形，微开。

（8）ün [yn]：先发 [y]，声音清晰响亮；然后舌尖抬起抵住上齿龈，封闭口腔通路，同时软腭和小舌下垂，打开鼻腔通路，发出清晰的前鼻音 [n]。口形由圆唇变展唇。

2. 后鼻音韵母

（9）ang [ɑŋ]：先把舌位放在比单韵母 ɑ [ᴀ] 稍靠后的位置，发出舌面后元音 [ɑ]，注意舌尖远离下齿背，声音清晰响亮；然后舌面后部向软腭运动，同时软腭和小舌下垂，直至软腭和舌面后部形成阻碍，气流只能从鼻腔通过，发出 [ŋ]。口形大开，可保持发 [ɑ] 时的口形。

（10）iang [iɑŋ]：先发 [i]，比较轻短；然后舌头后缩下移，到后低位，注意舌尖远离下齿背，发出舌面后低元音 [ɑ]，声音清晰响亮；接着舌面后部向软腭运动，同时软腭和小舌下垂，直至软腭和舌面后部形成阻碍，气流只能从鼻腔通过，发出 [ŋ]。口形由合变开。

（11）uang [uɑŋ]：先发 [u]，比较轻短；然后降低舌位，展开双唇，注意舌尖远离下齿背，发出舌面后低元音 [ɑ]，声音清晰响亮；接着舌面后部向软腭运动，同时软腭和小舌下垂，直至软腭和舌面后部形成阻碍，气流只能从鼻腔通过，发出 [ŋ]。口形由合（圆唇）变开。

（12）eng [əŋ]：先发舌面央元音 [ə]，声音清晰响亮；然后舌面后部向软腭运动，同时软腭和小舌下垂，直至软腭和舌面后部形成阻碍，气流只能从鼻腔通过，发出［ŋ］。口形半开，可保持发［ə］时的口形。

（13）ueng［uəŋ］：先发［u］，比较轻短；然后降低舌位，展开双唇，发出舌面央元音［ə］，声音清晰响亮；接着舌面后部向软腭运动，同时软腭和小舌下垂，直至软腭和舌面后部形成阻碍，气流只能从鼻腔通过，发出［ŋ］。口形由合（圆唇）变开。

（14）ing［iŋ］：先发［i］，比较轻短；然后舌面下降，舌根抬起，软腭和小舌下垂，直至软腭和舌面后部形成阻碍，气流只能从鼻腔通过，发出［ŋ］。口形由合到半开。

（15）ong［uŋ］：先发［u］，比较轻短；然后舌根向上运动，同时软腭和小舌下垂，直至软腭和舌面后部形成阻碍，气流只能从鼻腔通过，发出［ŋ］。口形圆唇半开，可保持发［u］时的口形。

（16）iong［iuŋ］：先发［i］，比较轻短；然后舌头后缩，舌面向u的位置靠近，发出［u］；接着舌面后部向上运动，同时软腭和小舌下垂，直至软腭和舌面后部形成阻碍，气流只能从鼻腔通过，发出［ŋ］。口形由合到开（圆唇）。由于受后接圆唇元音的影响，开头的［i］的实际发音接近ü［y］，因此，iong的发音也可以标作［yŋ］。

复韵母的简化拼读法

对于大多数字母文字（如英语）而言，拼读是非常重要的认读方式。汉语拼音的声母和韵母同样需要拼读。对于一些复元音韵母和一些鼻韵母，也可以采用拼读的方法。无论是自己练习发音还是教别人发音，这种拼读法都可以作为一种捷径。能用拼读法练习发音的韵母有：

iao：i和ao相拼	üan：ü和an相拼
iou：i和ou相拼	uen：u和en相拼
uai：u和ai相拼	iang：i和ang相拼
uei：u和ei相拼	uang：u和ang相拼
ia：i和a相拼	ueng：u和eng相拼
ua：u和a相拼	ing：i和eng相拼
ian：i和an相拼	iong：i和ong相拼
uan：u和an相拼	

普通话韵母（39个）总表

单韵母（单元音韵母）10个		a o e i u ü ê -i[ɿ] -i[ʅ] er
复韵母29个	复元音韵母13个	前响复元音韵母：ai ei ao ou
		中响复元音韵母：iao iou uai uei
		后响复元音韵母：ia ie ua uo üe
	鼻韵母16个	前鼻音韵母：an ian uan üan en uen in ün
		后鼻音韵母：ang iang uang eng ing ueng ong iong

四、韵母四呼

复韵母有什么样的结构特点？

根据不同的音素在整个复韵母中的发音时间和清晰度，可以将一个复韵母分为韵头、韵腹和韵尾三部分。

（1）韵头：发音轻而短，只表示复韵母发音的起点，一发出就立即滑向另一个音素，这样的音素就是韵头。普通话的韵头只有i、u、ü三个，都是高元音。韵头在音节中介于声母和韵腹之间，所以也叫介音。

（2）韵腹：是韵母的主干。与韵头、韵尾相比，韵腹的声音最清晰响亮。韵腹一般由元音充当，是复韵母的主要元音。a、o、e、ê经常充当韵腹，i、u、ü、-i[ɿ]、-i[ʅ]、er也可以作韵腹。

（3）韵尾：在韵腹之后，只表示复韵母滑动的最后方向，音值含混而不太固定，这样的音素就是韵尾。普通话复韵母的韵尾有元音韵尾i、u（o）和鼻辅音韵尾n和ng。

韵头	i u ü
韵腹	a o e ê i u ü -i[ɿ] -i[ʅ] er
韵尾	i u（o） n ng

o在普通话韵母中作韵尾吗？

从韵母字形上看，在ao和iao两个韵母中，韵尾是o，但实际上，这里的o代表的是u的发音［u］。之所以在字形上写成ao而不是按其实际发音写成au，是为了和韵母an相区分。因此，从实际的发音来看，o在汉语普通话韵母中不作韵尾，作韵尾的只有i和u，介绍普通话韵尾时写成i、u（o）就是这样的原因。■

韵及押韵、合辙

韵也叫韵身，指的是韵母中韵头后面的部分。有韵尾时，韵包括韵腹和韵尾，没有韵尾时，韵指的就是韵腹。比如，在韵母uai中，韵指的是韵腹和韵尾ai；在韵母ia中，韵指的是韵腹a。

押韵，指的是诗词、对联等韵文中句末使用韵相同的字，有时也写成“压韵”。这里的“韵”并不是具体的韵母，而是韵腹（有韵尾时包括韵尾）相同或者相近的一类韵母。比如，李白的《静夜思》中第一、二、四句末尾的“光”“霜”“乡”用的是相同的韵ang，这就是押韵。

戏曲领域常常把唱词中的韵称为“辙”，因此，戏曲唱词中的押韵常常叫作“合辙”。■

什么是韵母四呼?

四呼是按是否有韵头及韵头的性质给普通话韵母分出的四种类别。具体来说，就是看韵母开头元音的发音口形。四呼包括：

（1）开口呼：指的是i、u、ü以外的单韵母和不以i、u、ü开头的复韵母，即没有韵头且韵腹不是i、u、ü的韵母。

（2）齐齿呼：指的是单韵母i和以i开头的复韵母，即韵腹或韵头是i的韵母。

（3）合口呼：指的是单韵母u和以u开头的复韵母，即韵腹或韵头是u的韵母。

（4）撮口呼：指的是单韵母ü和以ü开头的复韵母，即韵腹或韵头是ü的韵母。

普通话韵母四呼排列表

	开口呼	齐齿呼	合口呼	撮口呼
单元音韵母	-i [ɿ] [ʅ]	i	u	ü
	a	ia	ua	
	o		uo	
	e			

续表

	开口呼	齐齿呼	合口呼	撮口呼
单元音韵母	ê	ie		üe
	er			
复元音韵母	ai		uai	
	ei		uei	
	ao	iao		
	ou	iou		
鼻韵母	an	ian	uan	üan
	en	in	uen	ün
	ang	iang	uang	
	eng	ing	ueng	
			ong	iong

《汉语拼音方案》的韵母表与四呼一致吗?

《汉语拼音方案》的韵母表就是按四呼排列的，除了两个韵母外，其他内容的与上表一致。

两个与上表有所不同的韵母是ong和iong。《汉语拼音方案》按字母形式把ong归为开口呼，把iong归为齐齿呼。但是从语音的系统性及实际发音上看，ong中的韵头o实际发音是［u］，应该归为合口呼；iong中的韵头i实际发音是带有圆唇性质的［y］，应该归为撮口呼。

韵母四呼分类的意义和作用

1. 有利于系统了解掌握声韵拼合规律。汉语声母和韵母的拼合是有一定规律的，这些规律和四呼密切相关，了解四呼分类对归类掌握汉语的声韵拼合规律很有帮助。汉语具体的声韵拼合规律将在下一章详细介绍。

2. 有利于系统纠音。不管是方言区的人，还是学习汉语的外国人，有时对普通话某种韵母的发音错误是具有系统性的，比如把ü读成i，并相应地把撮口呼的韵母都读成齐齿呼。遇到这种情况，教师可以根据四呼的分类帮助学生纠正。■

第三节

声 调

什么是声调?

声调指的是音节中具有区别意义作用的音高变化。声调是由声音的高低、升降、曲直等各种音高变化形成的。除了声母和韵母之外，声调也是汉语普通话的重要组成部分。声母和韵母都相同的音节，声调不同，意思就不同，如温（wēn）、闻（wén）、吻（wěn）、问（wèn）。因此，准确地掌握汉语的声调非常重要。

汉语普通话的声调有哪些?

汉语普通话有四个基本声调，分别是第一声、第二声、第三声和第四声，也称为阴平、阳平、上声和去声。第一声又高又平，第二声由中音升到高音，第三声先降后升，由半低降到低音再升到半高音，第四声由高音降到低音。这四种声调可以用图4形象地表示出来。

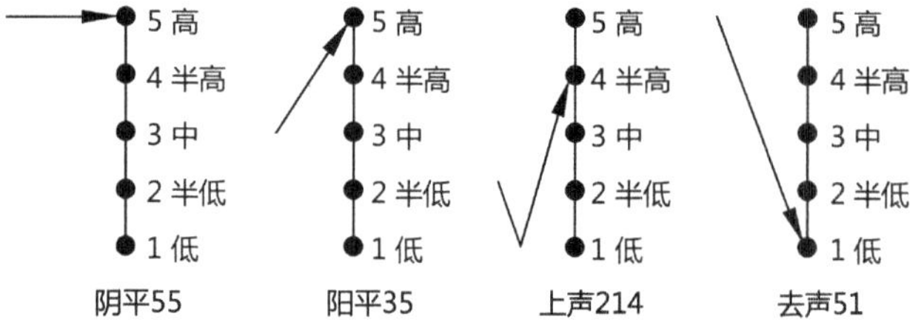

图4　普通话调值五度标记图

声调的五度标记法

这是语言学家赵元任创制的标记声调具体音高情况的一种方法，即用五度竖标来表示声调的音高。具体方法是，画一条竖线，分成五度，用1—5的五个数字来表示：1表示最低音，2表示半低音，3表示中音，4表示半高音，5表示最高音。然后在竖线的左侧用自左至右的线条来表示声调的高低升降，上图用的就是五度标记法。■

声调可以从哪些方面来分析？

可以从四个方面分析汉语的声调，一是调值，二是调类，三是调型，四是调域。

（1）调值：指的是音节音高变化的具体形式，简单说就是声调的实际读法。比如，汉语普通话第一声的调值是［55］，第二声的调值是［35］，第三声的调值是［214］，第四声的调值是［51］。

（2）调类：是把声调相同的音归纳在一起所建立的类，简言之就是声调的种类。汉语普通话有四个调类，即第一声、第二声、第三声和第四声。

（3）调型：指的是声调在高低曲直方面的形状。汉语普通话的四种声调调型分别是：高平调（ˉ）、中升调（ˊ）、降升调（ˇ）和高降调（ˋ）。四种声调的声调符号（ˉ ˊ ˇ ˋ）分别代表了该种声调的调型。

（4）调域：指的是声调表现出的音高跨度和范围。在五度标记法中从5度到1度的音高空间就是普通话四个声调的调域。

汉语的声调虽然有调域，但属于一种相对音高。比如，同一个词“汉语”，男人和女人说，老人和小孩说，或者一个人用低音和高音说，它的绝对音高不可能完全相同，但是他们的相对音高和声调的变化幅度即调型是一样的，所以人们在听感上知道他们说的是同一个词。但是不管是谁说，不管用什么音调说，必须保证在一定的调域范围内发出同样的调型。如果不是在五度调域内发成同样的调型，那就不会被理解为同一个音。比如，第一声必须是相应调域里的高平调，不然就无法被识别为第一声。

轻声是一种声调吗？

声调是具有区别意义作用的音高变化，可以分出固定的调类，每种调类有固定的调型和调值。轻声只是在某种情况下读得又轻又短的一种音，它的音高会因前一个字音高的不同而变化，因此没有固定的音高值和调型。所以说，轻声不能算是一种声调，而是一种特殊的音变。关于轻声，本书将在第五章“汉语普通话语流音变”中详细讲解。■

普通话声调的发音方法

（1）第一声：唱音阶1（do）—2（re）—3（mi）—4（fa）—5（so），在5（so）的音高上发出一个又高又平的音并持续一段时间。可用ɑ或m来练习，发ā、m̄，小腹从开始就一直收得较紧，感觉气息一直在锁骨窝处。

（2）第二声：从中音3起调，音调升到最高5，达到和第一声一样的音高。可用ɑ或m来练习，发ɑ́、ḿ，开始时小腹较松，然后逐渐收紧，可以感觉气息从胸部中间向上移动到锁骨窝处。

（3）第三声：声音从较低音2慢慢降到最低1，然后再快速升到较高音4。可用ɑ或m来练习，发ɑ̌、m̌，开始时小腹放松，可以感觉气息从胸部稍下的位置滑到胸骨的下端；然后收紧小腹，气息迅速向上移到前胸较高的位置，大概在锁骨靠下的地方。发第三声时一般前长后短，即声音向下走的时间长一些，向上走时快而短。

（4）第四声：从高音5起调，起调时音高和第一声一样，音调较快地从最高5降到最低1。可用ɑ或m来练习，发ɑ̀、m̀，开始小腹收得很紧，可以感觉气息从锁骨向下移动到胸骨的下端，小腹放松下来。

思考

1. 什么是声母？普通话声母和辅音有什么样的关系？
2. 普通话声母可以怎样分类？每个声母的发音特点是什么？
3. 什么是韵母？普通话韵母可以怎样分类？
4. 普通话的单韵母有哪些？它们的发音特点是什么？怎样具体描写每个单韵母的发音？
5. 什么是复元音韵母？它们的发音特点是什么？复元音韵母可以怎样分类？
6. 什么是鼻韵母？它们的发音特点是什么？鼻韵母可以怎样分类？
7. 复韵母从结构上可以分出哪些部分？每部分在普通话中通常由哪些音素充当？
8. 什么是韵母四呼？每类包含哪些具体的韵母？
9. 什么是声调？汉语普通话的声调有哪些？
10. 什么是调值、调类、调型和调域？

测验

一、填空

1. 声母是____________________，韵母是____________________。

2. 声母d、t、n、l的__________是一样的，都属于__________音。

3. 普通话的浊音声母有______________________。

4. 普通话有_______个单元音韵母、_______个复元音韵母和_______个鼻韵母。

5. 普通话中的鼻韵尾有______和_______，它们的不同体现在____________和____________上。

6. 普通话的复韵母在结构方面可以分为_______、_______和_______三部分。

7. 韵母四呼指的是_______、_______、_______和_______。

8. 声调指的是____。

9. 普通话有_______个调类，每种调类的调值分别是________、________、________和________。

10. 普通话的声调符号代表该类声调的____________，用语言描述四种调型分别是__________、__________、__________和__________。

二、判断

1. 普通话所有的声母都是辅音，所有的韵母都是元音。（ ）

2. 声母j和q的区别在于是否送气。（ ）

3. 人们平时说出的响亮且清楚的声母用的是声母的本音。（ ）

4. 单韵母在发音过程中舌位的高低前后及嘴唇的形状始终保持不变。（ ）

5. 复韵母发音过程中每个音素的时长和响度是均等的。（ ）

6. 鼻韵母an和ang中a的实际发音是相同的。（ ）

7. 所有以ü开头的韵母都属于撮口呼韵母。（ ）

8.《汉语拼音方案》韵母表的排列与根据实际发音分出的四呼完全一致。（ ）

9. 合口呼指的是所有以u开头的复韵母。（ ）

10. 汉语中声调十分重要，是因为它有区别意义的作用。（ ）

三、选择

1. 从发音部位看，下列（ ）和其他声母不是一个类别。

A b　B p　C m　D f

2. 单韵母o和e的区别在于（ ）。

A 舌位的高低　B 舌位的前后　C 开口度的大小　D 嘴唇的形状

3. 从发音特点看，下列（ ）和其他复元音韵母不是一个类别。

A ai　B uo　C ao　D ei

4. 从结构上看，韵母ueng中的ng属于（ ）。

A 韵头　B 韵腹　C 韵身　D 韵尾

5. 从实际发音看，韵母ong应属于（　　）。

A 开口呼　　B 齐齿呼　　C 合口呼　　D 撮口呼

6. 从四呼看，下列（　　）组的两个韵母不属于同一类。

A ai和er　　B in和en　　C iang和iou　　D ü和ün

7. 从发音方法看，声母h属于（　　）。

A 塞音　　B 塞擦音　　C 擦音　　D 边音

8. 从发音方法看，下列（　　）字的声母和其他不是同一个类别。

A 车　　B 去　　C 词　　D 四

9. 下列（　　）在普通话韵母中不充当韵头。

A ɑ　　B i　　C u　　D ü

10. 韵母iang中，韵腹是指（　　）。

A i　　B ɑ　　C iɑ　　D an

四、汉字归类

1. 请把下列声母完全相同的汉字归为一类。

猪、死、出、寸、字、装、风、难、床、副、花、孙、来、尊、从、能、累、黄

2. 请把下列韵母属于同一呼的汉字归为一类。

爱、家、昂、耳、却、瓜、强、滚、军、静、双、许

3. 请把下列声调完全相同的汉字归为一类。

球、声、卖、手、书、眼、电、福、敲、船、叫、买

第四章

汉语普通话音节

导 读

关于普通话音节，您应该掌握：

- 音节的结构特点
- 声韵拼合规律
- 音节的拼读方法和拼写规则
- 用拼音给汉语注音的一些规则

第一节

音节概说

什么是音节？

音节是语音的基本结构单位。一个音节往往由一个或几个音素组成，是人们能够在听觉上自然感到的最小的语音单位，如“我是中国人（Wǒ shì Zhōngguórén）”这个句子有五个音节。

语音单位

常见的语音单位有三种：音素、音位和音节。

音素是从音色的角度划分出来的最小的语音单位，它强调的是语音本身的性质。

音位是从语音的辨义功能的角度划分出来的最小的语音单位，它强调的是语音区别意义的作用。

音节是从语音的结构方面划分出来的最小的语音单位，它强调的是人在听觉上的自然感知。 ■

普通话音节和汉字的关系

一般来说，一个汉字的读音就是一个音节，即一字一音，一音一字。

有一种比较特殊的词——儿化词，两个汉字读一个音节，如“包儿”读bāor。这时是一个音节两个汉字。

普通话音节和声调的关系

普通话与没有声调的语言之间的一个重要区别就是有声调，即每个音节都有各自的音高特征。读每一个音节的时候都要准确定位声调，清晰地读出其音高特征。很多外国的汉语学习者说汉语时听起来不准确、有洋腔洋调，往往是因为他们没有准确发出每个音节的特有声调，而是按其母语的习惯在每个词上加了一个语调，如“hànyǔ”读成“hanyu↘”。

第二节

音节结构特点

普通话音节包括哪些部分?

普通话音节一般由三个部分组成：声母、韵母和声调。比如，在音节“hàn”中，h是声母，an是韵母，声调为第四声。分析音节时，先分出声母和韵母。有的韵母包含韵头和韵腹，有的包含韵腹和韵尾，有的包含韵头、韵腹和韵尾。声调贯穿整个音节。

“窗chuāng”的音节结构

声调：第一声			
声母ch	韵母uang		
	韵头u	韵腹a	韵尾ng

普通话音节有什么样的结构特点?

（1）韵腹和声调是普通话音节必不可少的组成部分。也就是说，一个音节可以没有声母、韵头、韵尾，但一定要有韵腹和声调，否则就不能成为音节。只有韵腹和声调的音节是普通话中最简单的音节，如“啊 à”。

（2）一个音节最多可包括五个部分：声母、韵头、韵腹、韵尾和声调，这类音节是普通话中最复杂的音节。“窗 chuāng”就是这样的音节，包括声母 ch、韵头 u、韵腹 a 和韵尾 ng，声调为第一声。

（3）从音素性质看，普通话音节可以没有辅音，元音在普通话音节中占优势。除了“哼 hng”“噷 hm”“呣 m̀”“嗯 ǹ”“嗯 ǹg”等极个别叹词外，普通话中绝大部分音节中一定有元音。如果一个音节只有一个音素，除了上边说的“m”“n”“ng”外，这个音素一定是元音。

（4）普通话音节中没有复辅音，也就是说，两个辅音不能连续出现。辅音在音节中的位置相对固定，要么在音节开头作声母，要么要音节末尾作韵尾，而且能作韵尾的辅音仅限于 n 和 ng。

（5）普通话音节中有复元音，最多可以有三个元音音素连续出现，如 iao。各元音在音节内部的位置是有规律的，能在韵头位置的只有 i、u、ü，各个元音都能出现在韵腹的位置上，能在韵尾位置上的只有 i、u（o）。英语中有两个元音连用的音节，如 moon [mu:n] 中元音“o”连用。汉语中没有同一个元音连用的音节，而且在同一个音节中也不会出现两个相同的元音。

用汉语转译外语的音节

汉语中没有复辅音。除了极个别的音节，每个音节都一定有元音出现，因此在用汉语转译外语遇到辅音时，常常要加上一个相应的元音构成一个音节，用一个音节去对应一个辅音，这在翻译人名时经常遇到，如英语的“Scott”转译成汉语就是“斯科特”三个音节，“Felix”转译成汉语是“菲利克斯”。■

普通话中常见的音节结构类型

结构方式 / 例字	声母	韵母				声调	类型
		韵头	韵（韵身）				
			韵腹	韵尾			
				元音	辅音		
1. 饿 è			e			第四声	无声母、无韵头、无韵尾
2. 牙 yá		i	a			第二声	无声母、有韵头、无韵尾

续表

结构方式 / 例字	声母	韵母				声调	类型
		韵头	韵（韵身）				
			韵腹	韵尾			
				元音	辅音		
3. 按àn			a		n	第四声	无声母、无韵头、辅音韵尾
4. 爱ài			a	i		第四声	无声母、无韵头、元音韵尾
5. 有yǒu		i	o	u		第三声	无声母、有韵头、元音韵尾
6. 王wáng		u	a		ng	第二声	无声母、有韵头、辅音韵尾
7. 不bù	b		u			第四声	有声母、无韵头、无韵尾
8. 办bàn	b		a		n	第四声	有声母、无韵头、辅音韵尾
9. 找zhǎo	zh		a	o		第三声	有声母、无韵头、元音韵尾
10. 姐jiě	j	i	ê			第三声	有声母、有韵头、无韵尾
11. 小xiǎo	x	i	a	o		第三声	有声母、有韵头、元音韵尾
12. 双shuāng	sh	u	a		ng	第一声	有声母、有韵头、辅音韵尾

什么是零声母音节?

声母是普通话音节的重要组成部分，但并不是必不可少的部分。也就是说，一个音节可以没有声母，如“爱ài”只有韵母ai和声调，像这样没有声母的音节叫零声母音节。上表中前六种没有声母的音节都是零声母音节。

第三节

声韵拼合规律

什么是声韵拼合规律?

普通话中一共有10个单韵母、13个复元音韵母、16个鼻韵母和21个声母。普通话的音节是由声母和韵母拼合而成的，从理论上说，声母和韵母的相拼是有很多可能的，这样就会产生出数量很多的音节。但实际上，并不是所有的声母都能和每一个韵母相拼。换句话说，哪些声母能和哪些韵母相拼，是有一定规律的，这就是声韵拼合规律。

普通话的声韵拼合规律有哪些？

声韵拼合规律既可以从声母角度进行观察，也可以从韵母角度进行观察。

1. 声母角度的拼合规律

（1）双唇音b、p、m和舌尖中音d、t可以跟开口呼、齐齿呼、合口呼拼合，不能跟撮口呼拼合。双唇音b、p、m与合口呼拼合时只限于单韵母u。

（2）唇齿音f能和开口呼拼合，和合口呼拼合时只限于单韵母u。

（3）舌根音g、k、h，舌尖前音z、c、s和舌尖后音zh、ch、sh、r可以跟开口呼、合口呼拼合，不能跟齐齿呼、撮口呼拼合。

（4）舌面音j、q、x与舌根音g、k、h，舌尖前音z、c、s和舌尖后音zh、ch、sh、r三组声母相反，可以跟齐齿呼、撮口呼拼合，不能跟开口呼、合口呼拼合。

（5）舌尖中音n、l跟四呼韵母都可以拼合。

（6）零声母音节在四呼中都有。

普通话声韵拼合简表

	b p m	f	d t	n l ø	g k h	zh ch sh r	z c s	j q x
开口呼	+	+	+	+	+	+	+	
齐齿呼	+		+	+				+
合口呼	u	u	+	+	+	+	+	
撮口呼				+				+

说明：+表示可以拼合，空白表示不能拼合，ø表示零声母音节。

2. 韵母角度的拼合规律

（1）开口呼能拼合的声母最多，除了舌面音j、q、x外，与其他声母都能拼合。

（2）齐齿呼只能与双唇音b、p、m，舌尖中音d、t、n、l和舌面音j、q、x拼合。

（3）合口呼不能与舌面音j、q、x拼合，与唇音声母b、p、m、f拼合时只限于单韵母u。

（4）撮口呼能拼合的声母最少，只能和舌尖中音n、l及舌面音j、q、x拼合。

（5）全部四呼都能拼合的声母只有n、l和零声母。

另外，一些特殊的韵母有其特别的拼合规律：

（1）韵母o只与双唇音b、p、m以及唇齿音f拼合，而韵母uo却不能与它们相拼，因此o和uo在使用上是互补的。

（2）韵母e只与非唇音声母相拼，不能与唇音声母相拼。

	唇音声母b p m f	非唇音声母
o	+	
uo		+
e		+

（3）韵母ong必须和其他声母一起使用，没有零声母音节；韵母ueng不能和其他声母一起使用，只能自成零声母音节，两者也是互补的。

（4）韵母er不与任何声母拼合，只有零声母音节。

	辅音声母	零声母
ong	+	
ueng		+
er		+

（5）舌尖前韵母-i［ɿ］只与舌尖前声母z、c、s拼合，舌尖后韵母-i［ʅ］只与舌尖后声母zh、ch、sh、r拼合，并且都没有零声母音节。

	舌尖前声母z c s	舌尖后声母zh ch sh r	其他声母
-i［ɿ］	+		
-i［ʅ］		+	
i			+

声韵拼合顺口溜

j组声母拼齐撮，

g、zh、z组拼开合，

b组d、t开齐合，

四呼齐全是n、l。■

为什么要了解声韵拼合规律？

了解和掌握声韵拼合规律，对以汉语为母语或者第一语言的人来说，可以提高给汉字注音的能力，避免出现拼音错误，有利于掌握普通话。对于国际汉语教师来说，可以发现并纠正学生的发音错误，避免学生说出汉语中不存在的音。■

普通话的音节有多少？

从理论上说，21个声母和39个韵母可以拼出800多个音节，但实际上，受声韵拼合规律的限制，普通话中不带声调的音节只有约400个。这些音节再和不同的声调进行组合搭配，可以组成1 300个左右的音节。

每种声母和韵母的音节组合都有四种声调吗？

当然不是。声母、韵母和声调也有一定的组合关系，但是却没有特别明确的规律。大多数的音节组合都有四种声调，但有的音节组合只有一种声调，比如“ri”只有第四声音节“日rì”。总体来看，汉语四个声调，1 300个左右的音节，平均每个声调要覆盖约300个音节。相对于单个的声母、韵母来说，单个声调的负担最重，所以说声调非常重要。■

普通话声韵调配合表

本书的附录二是《普通话音节声韵调配合总表》。该表列出了普通话中所有的声母和韵母拼合的音节及每种音节组合在普通话中有哪些声调。在学习和教学中，遇到不确定的音节或声调时可以查阅该表。■

第四节

音节拼读方法

声韵母的拼读方法有哪些?

（1）两拼法：即用声母和韵母两个部分进行拼读，如ch—ong—chóng（虫）、x—iong—xiōng（凶）。

（2）三拼法：即用声母、韵头和韵身三部分进行连读。这种方法只适用于有韵头的音节，如x—i—a—xià（下）、sh—u—ai—shuāi（摔）。

（3）声介合拼法：即先把声母和韵头合成一个部分，然后跟韵身进行拼读。这种方法只适用于有韵头的音节，如gu—o—guó（国）、ji—ao—jiào（叫）。

（4）直呼法：即直接读出拼音的读音，如看到guó这个音节直接呼读出guó。

必须用直呼法拼读的音节

在熟练掌握声韵拼合规律后，每个音节都可以用直呼法读出。但是，有一些特殊的音节在学习的时候应作为一个整体直接呼读。这些音节有：

（1）韵母的舌位和口形较为特殊，单独的韵母发音不易掌握，且和声母拼合形成的音节有限，这类音节通常用直呼法拼读，如zi、ci、si、zhi、chi、shi、ri。

（2）依据特殊的拼写规则形成的音节，如yi、wu、yu、ye、yue、yuan、yun、yin、ying。

声调的拼读方法有哪些?

（1）声母和韵母拼读出来以后再加声调，如g—uo—guó（国）、j—iao—jiào（叫）。

（2）韵母直接带上声调和声母一起拼出，如ch—óng—chóng（虫）、x—i—à—xià（下）。

（3）用直呼法直接读出音节。

拼读音节时要注意哪些问题?

（1）对于有韵头的音节，可以用两拼法也可以用三拼法，但在拼读不熟练时，建议优先使用三拼法，特别是在国际汉语教学的初级阶段，这样可以完整地注意到韵头、韵腹和韵尾，避免因丢失韵头而读错音节。

（2）拼读时重点在韵母的主要元音即韵腹上，韵腹一定要读清楚。

（3）声母和韵母拼读时要一气呵成，气流不能中断，否则可能把一个音节读成两个音节，如把“七（qī）”读成“七一（qīyī）”、把“先（xiān）”读成“西安（xi'ān）”。

第五节

音节拼写规则

普通话音节有哪些拼写规则?

普通话音节有三项拼写规则，即省写规则、标调规则和隔音规则。

一、省写规则

特殊音素的省写规则

（1）ü的省写：含有ü的韵母与声母j、q、x拼合时，要省去上面的两点，如qù（去）、xué（学）。要注意的是，声母n、l既能跟撮口呼相拼，又能跟合口呼相拼，如果省去ü的两点，会发生混淆，因此含有ü的韵母与n、l拼合时，上面的两点不能省略，如lǜ（绿）—lù（路）。

（2）i的省写：声调符号标在i上时，i上的点要省去，如dī（低）、xìng（姓）。

复韵母的省写规则

（1）韵母iou前面加声母构成音节时，要省写为iu，如diū（丢）。

（2）韵母uei前面加声母构成音节时，要省写为ui，如chuī（吹）。

（3）韵母uen前面加声母构成音节时，要省写为un，如sūn（孙）。

标调顺口溜

ɑ、o、e、i、u、ü，

兄弟六个ɑ当家，

没有ɑ时o或e，

没有o、e标i、u，

i、u并排标在后，

i上标调点省略。

二、标调规则

单韵母的标调规则

由单韵母构成的音节，声调符号要标在单韵母上面，如mā（妈）、dé（得）。

复韵母的标调规则

由复韵母构成的音节，声调符号要标在韵腹上。不同韵腹的标调顺序是ɑ→o→e，即有ɑ时就标在ɑ上，没有ɑ时找o，没有o时找e，如biǎo(表)、shēn（深）、luò（落）。

特殊韵母的标调规则

我们已经知道，在与声母进行拼合时，韵母iou省写成iu，韵母uei省写成ui。在iu、ui这两个韵母中，声调符号标在后面一个字母上，如duì（对）、jiǔ（酒）。

三、隔音规则

为什么要有隔音规则？

普通话的拼音遵循按词分写的规则，音节开头的辅音即声母是音节的分界线。在一个词中，如果后面一个音节是零声母音节，就没有明确的音节界限，这样在拼读音节时就有可能发生误解，如“饥饿”的两个音节jī和è连用时可能被读成jiè（借）。这时就需要隔音规则来体现音节的界限把音节隔开，避免音节界限发生混淆而错误连读。隔音规则主要是针对零声母音节而言的。■

开口呼零声母音节的隔音规则是什么？

开口呼类韵母，即ɑ、o、e自成音节及以它们开头的韵母自成音节后连在其他音节后面时，要用隔音符号'隔开，如kù'ài（酷爱）、jī'è（饥饿）、lián'ǒu（莲藕）。要注意的是，开口呼零声母音节只有出现在其他音节后面时才用隔音符号，如果是在词语开头，不会发生错误连读的情况，就不需要用隔音符号，如āyí（阿姨）、Ōuzhōu（欧洲）。

齐齿呼、合口呼、撮口呼零声母音节的隔音规则是什么？

这三类韵母自成音节时，要用字母y、w来隔音。

（1）齐齿呼：以i开头的韵母，若i后有其他元音，i改为y，如iao—yao（要）；若i后无其他元音，i前加y，如in—yin（阴）。

（2）合口呼：以u开头的韵母，若u后有其他元音，u改为w，如uen—wen（温）；若u后无其他元音，u前加w，如u—wu（五）。

（3）撮口呼：以ü开头的韵母，不论ü后有无其他元音，一律在ü前加y，这时ü上两点要省去，如ü—yu（雨）、üe—yue（月）。

y、w在音节中的主要作用是区别音节之间的界限。y主要与齐齿呼和撮口呼有关，w主要与合口呼有关。y、w的使用有两个方面，一是加y或w，一是改写为y或w。是加还是改，取决于两点：第一，变化后的音节是否符合汉语音节中必须有主要元音的特点，因此齐齿呼和合口呼主要看i、u后有无其他元音；第二，是否会与其他音节相混淆，如以ü开头的韵母üan，ü后有元音ɑ，但自成音节也是加y，因为若改ü为y就成了yan，这样与ian的零声母音节形式yan就无法区分了。具体如下：

（1）加y：韵腹为i，如yi、yin、ying；ü和以ü为韵头的韵母，ü上两点省去，如yu、yun。

（2）加w：韵母u，如wu。

（3）改y：以i为韵头的韵母，i改为y，如yan。

（4）改w：以u为韵头的韵母，u改为w，如wang。

第六节

汉语拼音注音规则

用拼音给汉语注音时应注意哪些问题？

汉语拼音是为汉字注音的工具。在国际汉语教学中，常常需要用汉语拼音为汉字、词语或句子注音。下面结合拼写规则和教学中经常遇到的情况指出需要注意的一些问题。

1. 拼音字母书写要规范

拼音字母虽然也是拉丁字母，但和英语的拉丁字母写法有所不同。因为多年学习英语的缘故，很多人在写汉语拼音时会不自觉地将拼音写成英文字体，在国际汉语志愿者选拔和培训中就经常遇到这样的情况，比如，将i写成*i*，j写成*j*，x写成*x*，q写成*q*，y写成*y*，k写成*k*，l写成*l*，等等。这种情况要引起汉语教师的注意，在教学中书写拼音时一定要使用规范的拼音字母。

2. 按照拼写规则规范地书写每个音节

在为汉字注音时，一定要严格按照省写规则、标调规则和隔音规则的规定，规范地书写汉语拼音。

3. 句子语段按词分写

一般而言，一个汉字就是一个拼音，但为汉语注音时，往往不是一个字一个字地标注，而是以词为单位，按词分写，词与词之间留出空格，如“喜欢红色”用汉语拼音注音应该写成“xǐhuan hóngsè”。

4. 注意遵守字母大写规定

（1）句子开头的首字母要大写，如“我是老师。Wǒ shì lǎoshī.”

（2）姓和名的第一个字母大写，姓和名分写，如“王东建Wáng Dōngjiàn”。

（3）地名、国名、专有名词的第一个字母大写，如“北京Běijīng”、“中国Zhōngguó”、“春节Chūnjié”。

5. 变调标调的灵活处理

《汉语拼音正词法基本规则》中规定，声调一律标原调，但在专门的语音教学中可以标变调。在国际汉语教学中，“一”、“不”一般标变调，三声标原调，但在特别的语音训练中可以标变调作为提醒，如标二声或用ˇ[①]代表半三声。

6. 轻声和儿化的注音

轻声不标调，如“好的hǎode”。

儿化一般在儿化音节后加“r”表示，如“豆芽儿dòuyár”。

《汉语拼音正词法基本规则》

为规范汉语注音问题，国家教育委员会和国家语言文字工作委员会提出了《汉语拼音正词法基本规则》，并由国家技术监督局批准、发布，内有关于用汉语拼音注音的详细规定和实例。本书的附录三是《汉语拼音正词法基本规则》，请学习参考。

思 考

1. 什么是音节？普通话音节和汉字及声调有什么关系？
2. 普通话音节包括哪些部分？
3. 普通话音节有哪些结构特点？
4. 什么是零声母音节？
5. 从声母角度看，普通话声韵拼合规律有哪些？
6. 普通话哪些韵母有特殊的拼合规律？
7. 普通话声韵母的拼读方法有哪些？
8. 普通话不便拼读只能直呼的音节有哪些？
9. 普通话音节有哪些省写规则？
10. 给普通话音节标调时应遵循什么规则？
11. 隔音规则适用于哪些音节？具体规定是什么？
12. 用拼音给汉语注音时应注意哪些问题？

① 这是特别设计的符号，语音教学中可用它表示半三声，提示只读出三声下降的部分。

测验

一、填空

1. 能够区别意义的最小的语音单位是__________，语音的基本结构单位是__________。
2. 人们在听感上能够自然感到的最小的语音单位是________，“我喜欢画画儿”这句话有______个汉字，______个音节。
3. 常见的普通话音节一般包括________、________和________三部分。
4. 零声母音节指的是____________________________________。
5. 能够和四呼韵母都相拼的声母有__________。只能跟齐齿呼和撮口呼相拼的声母是__________。
6. 普通话中和其他声母相拼时要省写的三个复韵母是______、______和______，它们分别要省写为______、______和______。
7. 单韵母构成的音节，声调符号应标在______上，复韵母构成的音节，声调符号应标在______上，i和u同时出现时，声调符号应标在____________。
8. 齐齿呼、合口呼和撮口呼的韵母自成音节时，要用______和______来隔音。

二、判断

1. 汉语当中一个音节只能代表一个汉字。 (　　)
2. 除少数独立的轻声音节外，汉语每个音节都有自己特定的声调。 (　　)
3. 普通话音节中必须要有声母和声调。 (　　)
4. 元音在普通话音节中占优势。 (　　)
5. 声母f和开口呼及合口呼中的所有韵母都能拼合。 (　　)
6. 齐齿呼韵母自成音节时一律要加上y来隔音。 (　　)
7. ɑ、o、e开头的韵母自成音节时前面一定要加上隔音符号’。 (　　)
8. 含有ü的韵母在和其他声母相拼时上面的两点要去掉。 (　　)

三、选择

1. (　　)在普通话音节中是必不可少的。

   A 声母　　B 韵头　　C 韵腹　　D 韵尾

2. 从音节结构上看，(　　)和其他音节不是一类。

   A xiǎo　　B ài　　C yá　　D wáng

3. (　　)不能和撮口呼韵母相拼。

   A n　　B j　　C k　　D x

4. 普通话中（　　）韵母能拼合的声母最多。

A 开口呼　　B 齐齿呼　　C 合口呼　　D 撮口呼

5. 下列音节中（　　）不能用两拼法拼读。

A chóng　　B shuāi　　C guó　　D yīng

6. 下列音节中（　　）在普通话中是不存在的。

A jiā　　B fōng　　C zhǔn　　D jiǒng

7.（　　）韵母自成音节时一律在前面加y。

A 开口呼　　B 齐齿呼　　C 合口呼　　D 撮口呼

8. 下列（　　）不能和其他声母相拼组成音节。

A ueng　　B en　　C uo　　D iao

四、问答

1. 普通话最简单的音节和最复杂的音节分别包括哪些部分？请举例说明。
2. 普通话音节的拼读方法有哪些？请举例说明。

五、给下列词语和句子注音，注意拼写规则。

预案　　乌云　　上腭　　春困　　挨饿　　木耳

碧绿　　崎岖　　伟大　　优秀　　酒水　　英雄

上海　　长城　　聊天儿　　漂亮　　孔子　　美国

这个小孩儿是张秀英老师的儿子。

我下个月要和刘经理一起去西安出差。

我不知道这幅画儿是谁画的。

第五章

汉语普通话语流音变

导读

- “你”单独读时是第三声，在“你好”当中却读成了第二声，这是为什么？
- 在“十一月”“一半”“一天”中，“一”分别读第一声、第二声和第四声，这是为什么？
- “不喜欢”中“不”读第四声，在“不是”中又是第二声，这又是为什么？
- “住在东西两院的人都来这里买东西”，这句话中两个“东西”的读音有什么不同？
- “昨天我们公司的头儿头受伤了。”这句话中“头”的读音有什么变化？
- “好好儿”“漂漂亮亮”这类词怎么正确发音？
- 语气词“啊”在不同句子中的读音一样吗？

您将在本章找到解答上面这些问题的答案。

什么是语流音变？

一般来说，语言中每个音节都是由固定的音位（包含音质音位和非音质音位如声调）组成的。在单念一个音节时，其发音状况相对固定。但是人们在说话或朗读的时候，并不是一个一个的音节孤立地发出的，而是连续地发出很多音节，形成语流。

在词组或句子等较长的语流中，相邻的音节之间会互相影响，或者由于说话时快慢、强弱、高低的变化，某些音会发生一定的变化，这种变化就是语流音变。

常见的语流音变现象

■ 同化：不同的音位接连使用，其中一个受另一个的影响而变得具有跟这个音位相同或相近的特点，这就是语音的同化。比如，在英语中，pigs的“s”本来应该是清音/s/，但由于它前面的音/g/是浊音，受/g/的影响，/s/在这个词中发生了浊化，实际读为/z/。同化一般是为了追求发音的顺口而产生的。

- 异化：两个相同或相近的音接连使用时，为了避免发音的拗口，其中一个发生了某种变化，这就是语音的异化。比如，在普通话中，两个第三声连在一起的时候，如果都读完整的调值会增加发音器官的负担，语言流畅性会受损，所以第一个第三声就要变成第二声，这就是一种异化。
- 弱化：在语流中，有的音受其前后语音环境的影响而发得比较弱，不像单独发时那么清晰，这就是语音的弱化。汉语中的轻声音节就是一种弱化，整个音节本身读得又轻又短，而且其中的元音也会发生一定的变化。比如，除/i/、/y/外的单元音常常弱化成央元音（妈妈［mA mə］），前响复韵母的复元音弱化成单元音（石头［ʂʅ t'ɔ］）。
- 脱落：在说话较快或者较随意时，语流中接连发出的一组音中，一个或者几个音会被丢失或者被删除，这就是语音的脱落，比如北京话中把豆腐［toufu］发成［touf］，韵母u脱落。■

普通话中常见的语流音变有哪些?

普通话中常见的语流音变有：连读变调、轻声、儿化及语气词“啊”的音变，这些是本章要介绍的主要内容。

第一节
连读变调

什么是连读变调?

一般来说，普通话的每一个音节都有固定的声调。但是在语流中，由于受前后音节协同发音的影响，音节原来的声调可能会发生变化，这种情况叫连读变调。

普通话常见的连读变调有哪些?

（1）三声变调

（2）“一” 的变调

（3）“不” 的变调

（4）形容词重叠的变调

一、三声变调

三声的本调

三声的音值是［214］，单念或出现在词句末尾时，一般不发生变调。三声虽然是一个降升调，但在普通话的实际语流中，除了强调或夸张时，三声单念或在词句末尾常常表现为一个低平调，其上升的部分并没有完全升上去，音值一般在［211］。

三声变调的情况有哪些?

从变调的语音环境看，三声主要在以下情况下发生变调：

（1）在非三声前面时

（2）在另一个三声前面时

（3）在轻声前面时

从实际读音看，三声变调后的读音主要有两种：半三声和第二声。

三声在四类声调前怎么变调?

1. 三声在非三声前面时变为半三声

三声在非三声即一声、二声和四声前面时，变为半三声，调值由［214］变为［21］，即只读出三声下降的部分，如“北［21］边”。

2. 两个三声连用时前边的三声变为二声

两个三声相连时，第一个三声变成二声，如“美［35］好”。

三声在轻声前怎么变调?

1. 三声 + 非三声本调变成的轻声

如果三声后的轻声音节其本来的声调是非三声（包括只有轻声读音的助词等特殊的轻声词），该三声变成半三声，如“眼·睛”、“晚·上”、“早·上”、“你·的”、“好·吗”。但是，有一个特殊的词“主意”，从规律上讲，“主”应该读半三声，可实际常常读作二声“zhúyi”。

2. 三声＋三声本调变成的轻声

（1）如果是特定或有规律的轻声词，也就是说，在该词中其轻声资格比较稳定，那么前面的三声变成半三声，如“姐·姐”、“老·子”、“马·虎”。也可把这类词称为必读轻声词。

（2）如果轻声资格不稳定，即读不读轻声都可以，三声通常变成二声，如“小·姐”、“想·法”、“哪·里”。可以把这类词称为可读轻声词。

（3）如果是声调为三声的单音节动词重叠形式VV，那么第二个音节读轻声，第一个音节读二声，如“想·想”，第一个“想”读二声，第二个“想”读轻声。

三声在轻声前面的变调规律表

出现情况		实际读音	例子
1. 在原调为非三声的轻声音节（包括只有轻声读音的助词等特殊的轻声词）前面		半三声［21］	眼［21］·睛 晚［21］·上 你［21］·的 好［21］·吗
		二声	主［35］·意
2. 在原调为三声的轻声音节前面	必读轻声（轻声资格稳定）	半三声［21］	姐［21］·姐 老［21］·子 马［21］·虎
	可读轻声（轻声资格不稳定）	二声	小［35］·姐 想［35］·法 哪［35］·里
	三声单音节动词重叠形式	二声	等［35］·等 讲［35］·讲 想［35］·想

多个三声连用时怎么变调?

1. 三个三声的变调

三个三声相连时，可以根据词语内部或句子的语法结构分成不同的形式，然后按上述规则变调。

（1）2+1形式一般读为：二声＋二声＋三声，如“展［35］览［35］馆

[211]”。

（2）1+2形式一般读为：半三声+二声+三声，如“小［21］老［35］虎［211］”。

（3）1+1+1形式可分成2+1读，也可分成1+2读。如“我买伞”，可读成“我［35］买［35］伞［211］”，也可读成“我［21］买［35］伞［211］”。

2. 三个以上三声的变调

三个以上的三声相连时，以词为单位按两个三声或三个三声变调，比如，“我想买把好雨伞”。可分为“我［35］想［21］—买［35］把［21］—好［21］雨［35］伞［211］”。

三声变调规律表

<table>
<tr><th colspan="2">连读情况</th><th>实际读音</th><th>例子</th></tr>
<tr><td colspan="2">1. 单念、出现在词句末尾</td><td>本调［214］（实际读［211］）</td><td>好（［214］/［211］）
花草（［214］/［211］）
这花真美（［214］/［211］）！</td></tr>
<tr><td rowspan="4">2. 两个音节</td><td>三声［214］+三声［214］</td><td>二声［35］+三声［214］</td><td>领［35］导［211］</td></tr>
<tr><td>三声［214］+一声［55］</td><td>半三声［21］+一声［55］</td><td>北［21］边</td></tr>
<tr><td>三声［214］+二声［35］</td><td>半三声［21］+二声［35］</td><td>水［21］平</td></tr>
<tr><td>三声［214］+四声［51］</td><td>半三声［21］+四声［51］</td><td>比［21］赛</td></tr>
<tr><td rowspan="3">3. 三个三声</td><td>2+1形式</td><td>二声［35］+二声［35］+三声［214］</td><td>展［35］览［35］馆［211］</td></tr>
<tr><td>1+2形式</td><td>半三声［21］+二声［35］+三声［214］</td><td>小［21］老［35］虎［211］</td></tr>
<tr><td>1+1+1形式</td><td>二声［35］+二声［35］+三声［214］
或者
半三声［21］+二声［35］+三声［214］</td><td>我［35］买［35］伞［211］。

我［21］买［35］伞［211］。</td></tr>
<tr><td colspan="2">4. 多个三声</td><td>根据语法结构和意义分成多个两字词或三字词，按上述规则变调。</td><td>我［35］想［21］买［35］把［21］
好［21］雨［35］伞［211］。</td></tr>
<tr><td colspan="4">5. 三声在轻声前面的变调，见上一页《三声在轻声前面的变调规律表》。</td></tr>
</table>

二、“一”的变调

“一”在什么情况下读本调?

“一”的本调是第一声［55］。“一”在下列情况下读本调：

（1）单念时，如“一［55］、二、三”。

（2）出现在词句末尾时，如“万一［55］”、“唯一［55］”。

（3）表示序数时，如“第一［55］次”、“一［55］年级”。

“一”的变调情况有哪些?

1. “一”读二声［35］

“一”在四声音节前面时，一律变成二声，如“一［35］共”。

2. “一”读四声［51］

“一”在非四声即一声、二声和三声前面时，变成四声，如“一［51］边”、“一［51］年”、“一［51］本书”。

3. “一”读轻声

“一”在相同的动词中间作嵌字时读轻声，如“看一（yi）看”、“听一（yi）听”。

“一”的变调规律表

	实际读音	出现情况	例子
“一”	yī	单念、出现在词句末尾、表示序数	一（yī）、二、三 万一（yī） 第一（yī）次 一（yī）年级
	yí	“一”+四声［51］	一（yí）共
	yì	“一”+一声［55］	一（yì）边
		“一”+二声［35］	一（yì）年
		“一”+三声［214］	一（yì）本书
	yi	动词+“一”+动词	看一（yi）看

三、“不”的变调

“不”在什么情况下读本调?

“不”的本调是第四声［51］。“不”在下列情况下读本调：

（1）单念时，如“不［51］，我就在这儿。”

（2）出现在词句末尾时，如“我就不［51］！”

（3）出现在非四声音节即一声、二声和三声前面时，如“不［51］说”、

"不［51］疼"、"不［51］好"。

"不"的变调情况有哪些？

1. "不"读二声［35］

"不"在四声音节前面时一律变成二声，如"不［35］怕"、"不［35］去"。

2. "不"读轻声

（1）"不"在相同的动词中间作嵌字时读轻声，如"看不（bu）看"、"吃不（bu）吃"。

（2）"不"在动词和补语之间时读轻声，如"听不（bu）懂"、"做不（bu）完"。

"不"的变调规律表

	实际读音	出现情况	例子
"不"	bù	单念、出现在词句末尾	不（bù） 偏不（bù） 我就不（bù）！
		"不"+一声［55］	不（bù）说
		"不"+二声［35］	不（bù）疼
		"不"+三声［214］	不（bù）好
	bú	"不"+四声［51］	不（bú）怕
	bu	动词+"不"+动词 动词+"不"+补语	看不（bu）看 听不（bu）懂

四、形容词重叠变调

常见的形容词重叠形式有哪些？

（1）AA格式，如：慢慢、长长。

（2）ABB格式，如：慢腾腾、亮晶晶。

（3）AABB格式，如：漂漂亮亮、高高兴兴。

常见的形容词重叠形式会发生什么样的变调？

1. AA格式

第二个音节如果儿化，要变成一声，如"好好儿"读作hǎohāor。

第二个音节如果不儿化，可以读原调，也可以变为一声，如“慢慢”可读作mànmàn，也可读作mànmān。

2. ABB格式

重叠的BB部分可以变为一声，也可以不变，如“绿油油”可以读作lǜyōuyōu，也可以不变调读作lǜyóuyóu。

3. AABB格式

第二个字读轻声，后两个字变为一声，如“慢慢腾腾”读作mànmantēngtēng、“痛痛快快”读作tòngtongkuāikuāi。

需要注意的是，这类常常变调的形容词要么重叠前第二个字往往读作轻声，如“痛快—痛痛快快”、“舒服—舒舒服服”；要么一般没有不重叠的AB形式，如“慢慢腾腾”一般不说“慢腾”。重叠前不是轻声的词语一般不用变调，比如，“高兴”，重叠后读作gāogāoxìngxìng，但在快读时第二个A可以变成轻声，即gāogaoxìngxìng。

除了以上三种形式外，还有一些有中缀嵌字的四音节形容词，嵌字常常读轻声，如“傻・里吧唧”、“白・不呲咧”、“糊・里糊涂”。

第二节

轻 声

什么是轻声?

轻声指的是在一定情况下读得又轻又短的音。有的音节本身就是轻声音节，如“吗、么、吧”等，有的音节原本有声调，但失去了原来的声调而变成了轻声。

轻声读音在物理属性上有什么特点?

（1）音长变短，大约要缩短二分之一，这是轻声比较突出的特点。

（2）音强变弱。

（3）音高不固定。

轻声不是一个独立的声调，本身没有固定的音高。在语流中，它的音高因受前字声调的影响而不固定。一般来说：

① 在三声后读半高调，约4度[①]；

② 在二声后读中调，约3度；

③ 在一声后读半低调，约2度；

④ 在四声后音高最低，约1度。

（4）音色上也会有一些变化，常见的有：

① 韵腹变得含混，一般央化，韵腹为ɑ时尤其明显。如：

妈·妈［mᴀ→mə］　棉·花［xuᴀ→xuə］

麻·烦［fan→fən］　哥·哥［kɤ→gə］

② 擦音或塞擦音声母后面带有同其发音部位相近的单元音时，常常丢失该元音。如：

东·西［ɕi→ɕ］　豆·腐［fu→f］　杯·子［tsɿ→ts］

意·思［sɿ→s］　钥·匙［ʂʅ→ʂ］

③ 前响复元音韵母常常变成单元音。如：

木·头［t'ou→t'o］　妹·妹［mei→mə］

眉·毛［mɑu→mɔ］　出·来［lai→lɛ］

④ 有的轻声音节的声母会轻微浊化。如：

我·的［tɤ→də］　好·吧［pᴀ→bᴀ］

三·个［kɤ→gə］　听·着［tʂə→dʐə］

普通话中哪些音一定要读轻声？

1. **固定的轻声音节**

现代汉语中有些字本身就只读轻声。

（1）助词“的、地、得、着、了、过”等，如“你·的”、“认真·地”、“写·得好”、“走·着”、“吃·了”、“去·过”。

（2）语气词“吧、吗、嘛、啊、呢”等，如“睡·吧”、“看·吗”、“高兴·嘛”、“是·啊”、“你·呢”。

---

① 实际上，三声在轻声前面要么读半三声，要么读二声，这里说的三声其实是指半三声。

（3）表示群体的“们”，如“你·们”、“我·们”、“咱·们”。

（4）构词后缀“么”，如“这·么”、“那·么”、“什·么”、“怎·么”、“多·么”。

2. 有规律的轻声音变

除了固定的轻声音节，还有一些字，本身不是轻声，因其在词句中的特殊位置，常常被读作轻声。比如，“看”本身是四声，在其重叠式“看看”中，第二个“看”要读轻声。

这类轻声词往往有较强的规律性。总的来说，有下列一些情况：

（1）构词语素“子、头、儿”，如“杯·子”、“孩·子”、“石·头”、“后·头”、“孙·儿”等。要注意的是，有的词中，“子、头”表示具体的意义，此时不能读轻声，如“男子”、“女子”、“原子”、“窝头”。

（2）叠音词的第二个音节，如“妈·妈”、“弟·弟”、“星·星”。

（3）动词重叠形式中后边的字，如“看·看”、“等·等”、“了·解了·解”、“研·究研·究”。

（4）动词和形容词重叠形式中间的“一、不”及动词与补语之间的“不”，如“看·一看”、“看·不看”、“好·不好”、“听·不懂”。

（5）量词“个”，如“这·个”、“五·个”。

（6）出现在名词后表示方位的“上、下、里”、出现在动词后表示趋向的词也常常轻读，如“山·上”、“床·下”、“房间·里”、“出·去”、“进·来”、“跑·过·去”、“说·出·来”、“哭·起·来”。但是这类词相对比较自由，有时也可不读轻声。

普通话轻声词与意义表达有什么关系？

从有没有区别意义作用的角度看，普通话中常见的轻声词大致可以分为两种：

1. 无区别意义的惯读轻声词

普通话中有一些词，虽然组成这个词的每个字都有固定的声调，但第二字常常读作轻声，如“舒·服”、“漂·亮”。这些词的读音是语音长期演变的结果，虽然不读轻声并不影响对意义的理解，但是如果把“舒·服”读成“舒服［35］”、把“漂·亮”读成“漂亮［51］”，就会让人听起来感觉生硬不自然。类似的词还有：

先生	窗户	大夫	咳嗽
部分	告诉	朋友	认识
爸爸	姑娘	故事	痛快
客气	困难	凉快	麻烦
事情	衣服	消息	便宜
暖和	休息	意思	收拾

2. 有区别意义的必读轻声词

还有一类轻声词，它们相对应的非轻声形式是另一个词，也就是说，轻声有区别词义和词性的作用，比如，大意（dàyì）是名词，表示主要的意思，而大意（dàyi）是形容词，意思是不细心、不认真。这类词在使用时要读准声调，否则会影响对意义的理解。下面是一些例子：

1	大意	dàyì（名词）主要的意思	我已经明白这篇文章的大意了。
		dàyi（形容词）不细心，不认真	这件事很重要，千万不能大意。
2	地道	dìdào（名词）地下通道	从那边的地道走吧。
		dìdao（形容词）真正的	马克的汉语发音很地道。
3	过去	guòqù（名词）以前的时间	过去我一直不喜欢吃生蔬菜。
		guòqu（动词）去某个地方	他在等你呢，你快过去吧。
4	对头	duìtóu（形容词）正确、合适	你这样做不太对头。
		duìtou（名词）仇敌、对手	他们两个是死对头，都十几年不说话了。
5	兄弟	xiōngdì（名词）哥哥和弟弟	他们是一对好兄弟。
		xiōngdi（名词）弟弟	这是我兄弟，请你帮我照顾他。
6	孙子	Sūnzǐ（名词）人名	孙子是有名的军事家。
		sūnzi（名词）儿子的儿子	他有两个孙子。
7	老子	Lǎozǐ（名词）人名	老子是有名的哲学家。
		lǎozi（名词）父亲	他父亲跟他说话常常自称老子。
8	东西	dōngxī（名词）东边和西边	这条路是东西走向的。
		dōngxi（名词）物品	我送你一样好玩儿的东西。

9	地方	dìfāng（名词）跟“中央”相对的省、市、县等	中央和地方都很重视这项工作。
		dìfang（名词）某个区域或部分	房间太小，放一张床就没有地方了。
10	吧	bā（名词）新兴词语，地方	他经常去网吧上网。
		ba（语气词）表示建议、祈使等语气	我们去看电影吧。
11	精神	jīngshén（名词）指人的意识、思维活动和一般心理状态	他受了刺激，精神出了问题，正在精神病院治疗呢。
		jīngshen（形容词）指人活跃、有生气	你穿这件衣服显得特别精神。
12	地下	dìxià（名词）地面之下	那边有一个地下通道。
		dìxia（名词）地面上	你的钱包掉地下了。

第三节

儿 化

普通话中的“儿”

普通话中“儿”字的使用有两种情况：一是自成音节，有具体的意义，如“女儿、婴儿、幼儿”；二是没有独立意义的后缀，不能自成音节，如“头儿、眼儿”。

什么是儿化?

儿化是一种特殊的音变现象，它发生在后缀“儿”和它前面的韵母之间。“儿”和前面的韵母结合并使这个韵母带上一种卷舌音色，这就是儿化。卷舌化了的韵母叫作“儿化韵”。比如，普通话读“画儿”的时候，“儿”不是一个独立的音节，只表示在读到“画”这个音节的末尾时，随即加上一个卷舌动作，使韵母带上卷舌“儿”的音色。

所有词尾的“儿”都要儿化吗？

并不是所有词尾的“儿”都要儿化，书面语和诗歌中的“儿”通常不能儿化，如“花儿红，鸟儿叫”“小小鱼儿水中游”等。

儿化具有较重的口语色彩，在正式、庄重的场合一般不用。

普通话所有的韵母都可以儿化吗？

普通话韵母除了单韵母ê和er之外都可以儿化。韵母er本身就是卷舌的韵母，不能算作儿化。

儿化与地域差别

儿化是汉语中一种特殊的音变现象，在中国有地域上的差别，南方一般不说儿化音，而在北方，尤其是北京，儿化词却比较普遍。■

普通话中常见儿化韵的读音

1. 单韵母儿化韵

（1）单韵母ɑ、o、e、u构成的音节，儿化时韵母直接卷舌。

（2）单韵母i、ü构成的音节，儿化时要在i或ü后面加央元音并卷舌。

（3）单韵母-i［ɿ］、-i［ʅ］构成的音节，即zi、ci、si、zhi、chi、shi、ri，儿化时要把韵母变成er，原来的韵母不再发音。

2. 复元音韵母儿化韵

（1）韵尾是i的，丢掉韵尾，韵腹加上卷舌动作，包括：ɑi、uɑi、ei、uei。

（2）韵尾是ɑ、o、u、ê的，韵母直接卷舌，包括：iɑ、uɑ、uo、ɑo、iɑo、ou、iou、ie、üe。

3. 前鼻音韵母儿化韵

（1）in和ün两个前鼻音韵母，儿化时要丢掉韵尾，加上央元音并卷舌。

（2）其他前鼻音韵母，丢掉韵尾，韵腹直接加上卷舌动作，包括：ɑn、iɑn、uɑn、üɑn、en、uen。

4. 后鼻音韵母儿化韵

（1）韵母ing构成的音节，儿化时要丢掉韵尾ng，加上央元音鼻化并卷舌。

（2）其他后鼻音韵母，丢掉韵尾，韵腹鼻化并卷舌，包括：ɑng、iɑng、uɑng、eng、ueng、ong、iong。

普通话韵母儿化韵发音表

单韵母	1	a [A] — ar [Ar]	那儿	戏法儿	刀把儿
	2	o [o] — or [or]	耳膜儿	土坡儿	粉末儿
	3	e [ɤ] — er [ɤr]	小车儿	唱歌儿	这儿
	4	u [u] — ur [ur]	眼珠儿	有数儿	没谱儿
	5	i [i] — ir [iər]	小鸡儿	玩意儿	米粒儿
	6	ü [y] — ür [yər]	小鱼儿	棉絮儿	有趣儿
	7	-i [ɿ] — ir [ər]	瓜子儿	没词儿	头发丝儿
	8	-i [ʅ] — ir [ər]	树枝儿	没事儿	锯齿儿
复元音韵母	1	ai [ai] — air [ɐr]	小菜儿	名牌儿	瓶盖儿
	2	uai [uai] — uair [uɐr]	一块儿	乖乖儿	凉快儿
	3	ei [ei] — eir [ər]	晚辈儿	摸黑儿	刀背儿
	4	uei [uei] — ueir [uər]	一会儿	变味儿	墨水儿
	5	ia [iA] — iar [iAr]	一下儿	豆芽儿	脚丫儿
	6	ua [uA] — uar [uAr]	牙刷儿	笑话儿	小瓜儿
	7	uo [uo] — uor [uor]	火锅儿	大伙儿	小说儿
	8	ao [au] — aor [aur]	口罩儿	红包儿	灯泡儿
	9	iao [iau] — iaor [iaur]	水饺儿	小鸟儿	豆角儿
	10	ou [ou] — our [our]	小偷儿	老头儿	扣儿
	11	iou [iou] — iour [iour]	棉球儿	抓阄儿	加油儿
	12	ie [iɛ] — ier [iɛr]	树叶儿	小鞋儿	台阶儿
	13	üe [yɛ] — üer [yɛr]	主角儿	配角儿	旦角儿
前鼻音韵母	1	in [in] — inr [iər]	脚印儿	信儿	有劲儿
	2	ün [yn] — ünr [yər]	合群儿	小军儿	花裙儿
	3	an [an] — anr [ɐr]	花瓣儿	猪肝儿	地摊儿
	4	ian [iɛn] — ianr [iɐr]	一点儿	聊天儿	针眼儿
	5	uan [uan] — uanr [uɐr]	好玩儿	茶馆儿	小船儿
	6	üan [yæn] — üanr [yɐr]	圆圈儿	人缘儿	蛋卷儿
	7	en [ən] — enr [ər]	开门儿	纳闷儿	一阵儿
	8	uen [uən] — uenr [uər]	冰棍儿	没准儿	打盹儿

续表

后鼻韵母	1	ing [iŋ] — ingr [iə̃r]	眼镜儿	图钉儿	人影儿
	2	ang [ɑŋ] — angr [ɐ̃r]	药方儿	鱼缸儿	小厂儿
	3	iang [iɑŋ] — iangr [iɐ̃r]	花样儿	亮儿	响儿
	4	uang [uɑŋ] — uangr [uɐ̃r]	蛋黄儿	天窗儿	小筐儿
	5	eng [əŋ] — engr [ə̃r]	提成儿	头绳儿	棱儿
	6	ueng [uəŋ] — uengr [uə̃r]	小瓮儿	白头翁儿	
	7	ong [uŋ] — ongr [ũr]	没空儿	胡同儿	小葱儿
	8	iong [yŋ] — iongr [yə̃r]	小熊儿	哭穷儿	

儿化与意义表达的关系

1. 区别词义

儿化后和原词词义不同，如：眼（眼睛）— 眼儿（小孔）、头（脑袋）— 头儿（领导）。

2. 区别词性

儿化后和原词词性不同，如：尖（形容词）— 尖儿（名词）、个（量词）— 个儿（名词）。

3. 表达特殊的感情色彩

儿化后具有亲切、喜爱或轻松等感情色彩，常用于口语中，如：玩—玩儿、女孩—女孩儿、聊天—聊天儿。

第四节

语气词“啊”的音变

“啊”的音变情况有哪些？

“啊”是一个语气词，在语流中往往受前字最后一个音素的影响而发生音变，主要有：

（1）“啊”在a、o、e、i、ü、ê后面读音变成“ya”，写作“呀”，如：马呀、我呀、饿呀、鸡呀、鱼呀、写呀，其中o只限于为单韵母或复韵母uo的情况。

（2）“啊”在u、ao、iao的后面读音变成“wa”，写作“哇”，如：哭哇、手哇、好哇、要哇。

（3）“啊”在n后面读音变成“na”，写作“哪”，如：难哪、新哪、玩哪。

（4）“啊”在ng后面读音变成“nga”，写作“啊”，如：忙啊、想啊、穷啊。

（5）“啊”在音节zhi、chi、shi、ri和er后面读音变成“[ʐA]”，写作“啊”，如：纸啊、吃啊、是啊、日啊、儿啊。

（6）“啊”在音节zi、ci、si后面读音变成“[zA]”，写作“啊”，如：字啊、词啊、死啊。

“啊”的声调

不管“啊”变为哪一种声韵组合，变为哪一种写法，都读作轻声。

语气词“啊”的音变规律表

出现情况	实际读音	规范写法	例子
1. a、o（单韵母、uo）、e、i、ü、ê+啊	ya	呀	马呀、我呀、饿呀、鸡呀、鱼呀、写呀
2. u、ao、iao+啊	wa	哇	哭哇、手哇、好哇、要哇
3. n+啊	na	哪	难哪、新哪、玩哪
4. ng+啊	nga	啊	忙啊、想啊、穷啊
5. zhi、chi、shi、ri、er+啊	[ʐA]	啊	纸啊、吃啊、是啊、日啊、儿啊
6. zi、ci、si+啊	[zA]	啊	字啊、词啊、死啊

思考

1. 什么是语流音变？普通话常见的语流音变有哪些？

2. 什么是连读变调？普通话常见的连读变调有哪些？

3. 三声的变调情况有哪些？各种情况的变调规律是什么？

4.“一”在什么情况下读本调？什么情况要发生变调？怎么变？

5.“不”在什么情况下读本调？什么情况要发生变调？怎么变？

6. 常见的形容词重叠形式会发生什么样的变调？

7. 什么是轻声？轻声读音在物理属性上有什么特点？

8. 普通话中哪些词一定要读轻声？

9. 普通话轻声词与意义表达有什么关系？

10. 什么是儿化？普通话中哪些韵母可以儿化？

11. 普通话中常见韵母儿化韵的读音有什么特点？

12. 儿化与意义表达有什么关系？

13. 语气词“啊”的音变情况有哪些？

测验

一、填空

1. 普通话中常见的语流音变有________、________、________和________。

2. 普通话中常见的连读变调有________、________、________和________。

3.“我在一年级一班。”这句话中“一”应读________。

4.“你看不懂他写的这篇关于孩子的文章吗？”这句话中应读轻声的词有________。

5. 语气词“啊”在n后面应读成________，写成________。

二、判断

1. 普通话中第三声常见的读音有[214]、[211]、[21]和[35]。（　　）

2. 普通话中“一”常见的读音有一声、二声、四声和轻声。（　　）

3. 普通话中“不”常见的读音有一声、四声和轻声。（　　）

4.“幼儿、儿童和大人都会觉得这个游戏很好玩儿的。”这句话中的“儿”都是儿化韵。（　　）

5. 普通话的轻声是一种独立的声调，有固定的音高值。（　　）

三、选择

1. 下列（　　）词中第一个字的三声和其他三个读音不同。

A 草莓　　B 喜欢　　C 跑步　　D 友好

2. 下列（　　）词中“一”读本调。

A 一本　　B 一年　　C 周一　　D 一半

3. 下列（　　）词中“不”读本调。

A 不变　　B 不说　　C 看不看　　D 走不动

4. 下列（　　）句中画线词不读轻声。

A 这件衣服真漂亮。　　B 他有两个孙子。

C 这种情况应该由地方政府负责。　　D 你这个新发型显得特别精神。

5. 从变调后的规范写法看，语气词“啊”在下列（　　）句后仍写作“啊”。

A 快帮帮我______！　　B 这个问题可真难______！

C 你女朋友对你真好______！　　D 没想到你这么忙______！

四、朗读

1. 正确读出下列词语，并写出每个词中第一个三声音节的实际调值。

例：首［21］都　　很［35］好

眼［　］睛　　主［　］意　　水［　］果　　好［　］吗

老［　］师　　你［　］的　　法［　］国　　小［　］姐

晚［　］上　　酒［　］吧　　等［　］等　　想［　］法

2. 正确读出下列词语，注意“一”“不”的发音。

不可一世　　一蹶不振　　不拘一格　　不堪一击

一毛不拔　　一文不值　　一声不响　　一丝不挂

一文不名　　一言不发　　不成体统　　不出所料

3. 正确读出下列词语，并用汉语拼音注音。

好好儿（　　　　　　）　　高高兴兴（　　　　　　）

舒舒服服（　　　　　　）　　糊里糊涂（　　　　　　）

慢慢地（　　　　　　）　　慢慢腾腾（　　　　　　）

整整齐齐（　　　　　　）　　别别扭扭（　　　　　　）

4. 读句子，给句中画线词语标注拼音。

（1）这是北京最地道（　　　　）的韩国餐厅。

（2）这个针的尖儿（　　　　）真尖（　　　　）。

（3）东西（　　　　）两院的人都喜欢去这个超市买东西（　　　　）。

（4）这张画儿（　　　　）上画（　　　　）的是著名的哲学家老子（　　　　），据说是一个孤儿（　　　　）画的。

第六章

汉语普通话语调语气

导 读

一个人即使掌握了汉语普通话的声母、韵母、声调及语流音变，也未必能说一口地道的普通话，因为在汉语表达中还有非常重要的一个方面，那就是语调语气。

同样是“老师来了”这句话，有的人说出来只是告诉别人这个信息，有的人说出来是想表达自己的兴奋之情，有的人则想表达自己有所怀疑的心情，您知道怎样表达出这些不同的信息吗?

在这一章，您将了解到跟普通话语调语气有关的重音、停延、句调、语气等内容。这可以帮助您更好地用汉语表达自己的思想，更好地理解别人话语的意思。作为一名汉语教师，更有必要了解这些内容，以便有针对性地进行教学。

什么是语调?

人们在说话或朗读时，为了更准确地表达意思和感情，有时会说得重一些，有时会停下来慢一些，有时音调逐渐升高，有时会有意降低音调，这些语音的轻重、快慢和高低等的变化就是我们常说的语调。

语调的构成因素比较复杂，但主要表现在重音、停延、句调等方面。

听话听音

中国有句俗话叫“锣鼓听声，听话听音”。同样一句话，其字面的词汇意义是固定的，但是在特殊的语境中，加上说话人的语调，就产生了不同的实际意义。因此，只从静止的词汇层面去理解一句话的意义是不够的，还应该关注说话人表现出来的语调意义。我们在和人交流时，不体现在字面上的语境意义往往更为重要。只有抓住了语境意义，才能真正领会说话人的意图。比如，“知道了”这句话用不同的语调说，可以表达不同的意思：

（1）“知道了。”平和舒缓的调子，表示接受了对方的信息并告知对方自己已经知道了这一信息。

（2）“知道了？”用疑问上扬的调子说出来，表示有所怀疑，没想到或不相信对方已经知道了。

（3）“知道了！”提高音高，用兴奋积极的调子说，表示知道后高兴的心情。

（4）“知——道——了——！”拖长音调，用不耐烦的调子说，表示不想再听对方说下去了。■

声调在句子中如何体现？

声调指的是单个音节的调子，汉语中也叫字调。语调指的是句子的调子。在一个句子中，声调和语调同时存在。关于句子中的声调，有两点需要注意：

1. **调型保持不变**

声调的调型在句子中是不能随意改变的。例如：“他叫张问？↗”不能因为疑问句用升调而读成“他叫张文？↗”这种错误在于把本是高降调的“问”读成了中升调的“文”，改变了调型，也就是说，把一种声调读成了另一种声调。母语是非声调语言的学习者常常因为母语的负迁移作用而在读类似句子中的声调时改变了调型，这也是造成“洋腔洋调”的一个原因。

2. **调域可能改变**

在句子中，声调的调域可能会因为语调的轻重、停延和升降而发生变化，包括扩展或压缩、延长或缩短、升高或降低等情况。参看下图[①]：

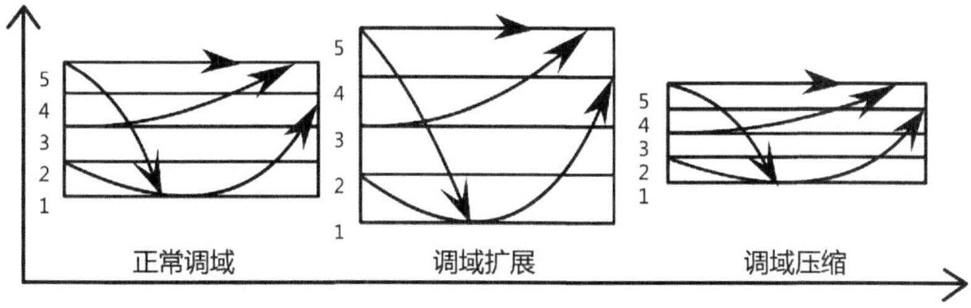

① 该图参考金晓达、刘广徽《汉语普通话语音图解课本CD-ROM》。

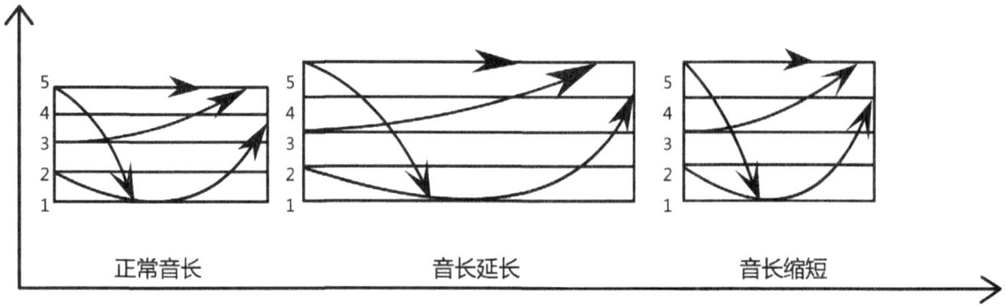

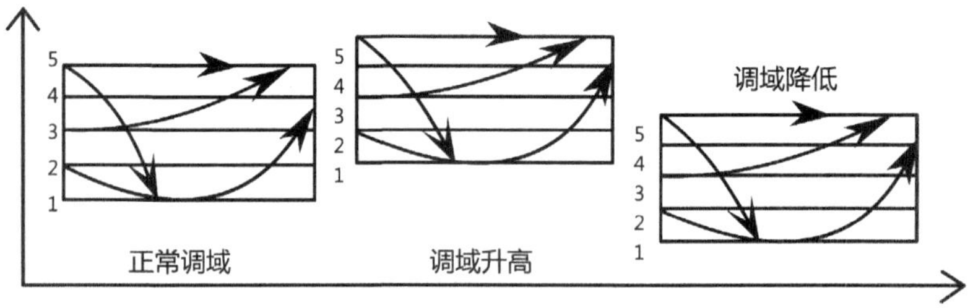

第一节

重 音

什么是重音?

重音指的是词句中念得比较重、听起来特别清晰的音。重音一般可以分为词重音和语句重音，语句重音又可分为规律重音和逻辑重音。

重音发音有什么特点?

重音通常具有相对较长的音长和较完整的调型。比较起来，重音一般音高更高、音强更强、音长更长，有时还会有不同的音色和停延。发音时，重音一般要加长音长、提高音高、多用力以加大音强。

在语流中，重音听起来要比其他音节突出。当句中重音不是单音节词而是双音节或三音节词时，往往需要采取扩大调域的读法。简单地说就是使人感到高音更高，低音更低，以达到突显的目的。也有学者指出，汉语句重音在形式上往往具有“重音+轻化”的特点，即前边的音节作为重音加重时，其后的音节常常降低高音点即起调较低或压缩调域即音高跨度变小。比如，第一声音节加重时，其后的一声常常只读为正常调域的［43］。（曹文，2010）

一、词重音

什么是词重音？

顾名思义，词重音就是在一个词语中读得相对比较重的音。根据词语中各个音节音强强弱的不同，重音一般可以分为三种：重音、中音和轻音。这三种重音之间是相对而言的，没有绝对的音高和音强标准。

汉语的词重音可以从双音节词、三音节词和四音节词的角度分别考察。

双音节词的重音模式有哪些？

词汇以双音节为主，这是普通话在词汇方面的显著特点。双音节词的重音模式主要有两种：

1. 中重式

大多数双音节词都是这种重音模式，即第二个音节读得较重、音长较长，第一个音节没有第二个音节那么重那么强，但又不是轻音，可称为中音，这就是中重模式。如：

书包　高考　高兴　阿姨　产生　报名
新闻　国旗　领袖　鲁迅　海啸　老张

2. 重轻式

有一部分双音节词，第一个音节是重音，读得较重较长，而第二个音节是轻音。这类双音节词从总量上看比较少，一般都是有轻声音节的词。如：

东西　窗户　时候　报酬　你们　告诉
玻璃　芝麻　石头　谢谢　舒服　老实

三音节词的重音模式有哪些？

从数量上看，普通话中的三音节词比双音节词少得多，三音节词常见的重音模式有三种：

1. **中轻重式**

这类重音模式在三音节词中居多，第三个音节读得最重最长，第一个音节居中，第二个音节读得最轻最短。如：

收音机　加拿大　图书馆　飞机场　电影院　售票处

电视剧　潜水艇　笔记本　自行车　辅导员　国务院

2. **中重轻式**

这类重音模式在普通话中比较少，第二个音节是重音，第一个音节是中音，第三个音节常常是轻声音节。如：

胡萝卜　糖葫芦　老头子　女朋友　好消息　大舌头　有意思

3. **重轻轻式**

这类重音模式在普通话中更少，多为一些比较随意的口语词，第一个音节是重音，第二个和第三个音节都是轻声。如：

什么的　忙着呢　冷得慌　怪不得　姑娘家　舒服了　没什么

四音节词的重音模式有哪些?

1. **中轻中重式**

大部分四音节词都是这种重音模式，第二个音节读得相对轻短一些，重音在最后一个音节上。如：

自力更生　万水千山　刻苦钻研　心直口快　欢天喜地

新华书店　师范学院　齐齐哈尔　空前绝后　千方百计

2. **中轻重中式**

双音节形容词的重叠形式及一些有嵌字的四音节形容词多是这种重音模式，第二个音节读得较轻较短，第三个音节是重音。如：

干干净净　老老实实　大大方方　磨磨唧唧　漂漂亮亮

黑咕隆咚　噼里啪啦　啰里啰唆　黑不溜秋　稀里糊涂

3. **重轻中轻式**

这类重音模式往往是双音节动词的重叠形式AABB，第一个音节为重音，第二个和第四个音节读得较轻较短。如：

热闹热闹　打扫打扫　研究研究　讨论讨论　收拾收拾

准备准备　考虑考虑　修理修理　品尝品尝　参观参观

二、句重音

什么是句重音?

句重音指的是一个句子中读得相对比较重比较长的音。句重音可分为两种：规律重音和逻辑重音。

什么是规律重音?

在一般的中性语境中，句中的信息焦点要重读，而信息焦点往往有一定规律，被称为“规律重音”。这类重音通常与特定的语法成分有关系，因此也叫“语法重音”。

常见的规律重音有哪些?

规律重音即句子的信息焦点常常是句中特定的语法成分，或是有某种特定表意作用的成分。具体有：

（1）主要谓词，如：① 春天 ' 到了！② 今天 ' 星期一。

（2）承载主要信息的宾语，如：他在看 ' 电视。

（3）主要谓词前表示性状和程度的状语，如：你们要 ' 努力学习汉语。

（4）主要谓词后表示状态或程度的补语，如：他的汉语说得 ' 非常好。

（5）起主要说明作用的定语，如：我喜欢 ' 热情 ' 开朗的人。

（6）表示疑问和指示的代词，如：① 她参加了 ' 什么活动？② 事情的经过是 ' 这样的。

（7）作为重要说明对象的数词，如：我学了 ' 两年汉语了。

（8）对比成分，如：① 她喜欢 ' 红色，不喜欢 ' 黑色。② ' 他去，' 我不去。

（9）表示夸张、奇特等的成分，如：① 这件事比 ' 登天都难。② 天热得能晒化 ' 电线。

重读与词义有没有关系?

有一些词，在句中使用时有轻读的情况，也有重读的情况，但是两者意义差别很大，主要是一些副词。下表是一些例子：

例词	重读意义和例子		轻读意义和例子	
就	立刻	别着急，我就来了。	连续	我吃了饭就去找你。
	仍然	我说了那么多遍，他就不听。	缓和语气	这本书就放你那儿吧。
	只有	就我自己没去过。		
都	总括	雨太大，我们衣服都淋湿了。	加强语气	雨太大，衣服都淋湿了。
	全部	我们都二十岁了。	已经	我都二十岁了。
再	重复	请你再说一遍。	先后	我想吃完饭再写作业。
又	重复	这个电影我又看了一遍。	先后	我吃完饭，又吃了两个苹果。
还	继续	让你关了，你怎么还看呢？	加强语气	你还会说汉语呢。
	更	这件比那件还贵呢。		

什么是逻辑重音？

逻辑重音指的是在具体的语境中为了表达某种特殊含义而强调重读的词语，因此也可叫“强调重音”。和语法重音不同，逻辑重音没有固定的规律性，哪些词语需要突出或强调，要依据上下文、说话人的要求或情感的发展来确定。

逻辑重音与意义表达的关系

一句话中的每个词都有可能读为重音，同一句话由于逻辑重音的不同会表达出不同的意思。下面是一些例子：

（1）我ˈ想起来了，是这么回事。（回忆）

我想ˈ起来了，已经九点了。（起床）

（2）ˈ我明天坐飞机去北京。（我去，不是别人去）

我ˈ明天坐飞机去北京。（是明天，不是别的时间）

我明天坐ˈ飞机去北京。（是坐飞机，不是坐火车）

我明天坐飞机去ˈ北京。（是去北京，不是别的地方）

（3）ˈ这本小说，我看过。（不是那本）

这本ˈ小说，我看过。（不是这本漫画）

这本小说，ˈ我看过。（别人可能没看过）

这本小说，我ˈ看过。（不是没看过）

在对话交流中，逻辑重音通常是根据提问焦点而定的。也就是说，提问人关心的和最想了解的信息是强调的重点，在回答时要以重音形式突出出来。同样一句话“我想在这里住两天”，由于提问的问题不同，逻辑重音也不同。

（1）A：谁想在这里住两天？

B：ˈ我想在这里住两天。

（2）A：你想不想在这里住两天？

B：我ˈ想在这里住两天。

（3）A：你想在哪里住两天？

B：我想在ˈ这里住两天。

（4）A：你想在这里住多长时间？

B：我想在这里住ˈ两天。

规律重音与逻辑重音的关系

从物理属性上看，逻辑重音的音高要比规律重音高一些，音强要比规律重音强一些。一般来说，逻辑重音要优于规律重音，也就是说，规律重音要服从于逻辑重音。没有特别的强调意图时，句子按一般的规律重音来读，如果有强调的意义焦点，这一焦点自然成为逻辑重音，规律重音也就随之消失。比如，“我想在这里住两天”这句话，在一般的中性语境中，谓词“想”和“住”可以作为规律重音读得稍微重一些，但是在回答特殊的提问时，这两个规律重音自然就要让位于作为意义焦点的逻辑重音了。■

第二节
停 延

什么是停延？

停延是指说话或朗读时，语句之间、段落之间所出现的间歇和延长。间歇就是常说的停顿，延长是指间歇左侧音节的韵腹的发音被拉长。

停延一般可以分为句法停延和逻辑停延。句法停延是指根据句法结构特点而做出的停延，又可分为句际停延和句内停延。

<table>
<tr><td rowspan="3">停（停顿、间歇）
延（延长）</td><td rowspan="2">句法停延</td><td>句际停延</td></tr>
<tr><td>句内停延</td></tr>
<tr><td colspan="2">逻辑停延</td></tr>
</table>

一、句际停延

什么是句际停延？

句际停延指的是句子与句子之间或小句与小句之间的停延。在读法上，句际停延主要靠间歇也就是停顿来实现。

句际停延在书面上用什么来体现？

句际停延在书面上主要靠标点符号来体现。

不同标点符号表示的停延时间不同。一般来说，根据不同的标点符号采取不同的停延，就能使说话抑扬有度、层次分明。

（1）句中顿号（、）停延时间最短，逗号（，）较长，分号（；）又比逗号长。

（2）句末的句号（。）、问号（？）、感叹号（！）等表示的停延比分号长，章节段落之间的停延要更长一些。

（3）冒号（：）是一种比较灵活的标点符号，它表示的停延一般比分号稍长，比句号稍短。

顿号（、）< 逗号（，）< 分号（；）< 冒号（：）< 句号（。）/ 问号（？）/ 感叹号（！）

（4）省略号（……）和破折号（——）也表示一定的停延，其停延时间的长短往往和意义表达有密切关系。

巧用停延和标点符号的智慧

两个流传已久的古代趣味故事生动地体现了停延和标点符号的重要性。

■ 故事一

有位比较穷的读书人到朋友家玩儿。忽然外面下起了大雨，这时天已经很晚了，但是朋友不想让他住在自己家里，又不好意思直接说，就在纸上写了一些字：下雨天留客天留我不留。写完放在桌子上，说自己还有点事儿，就出去了。朋友以为读书人一看字条就明白他的意思，就会离开，因为他心里想的意思是：**下雨天留客；天留，我不留。**

过了一会儿，朋友回来了，他看到读书人并没有走，桌上的纸条也被他加上了标点符号，变成了这样的意思：**下雨天，留客天，留我不？留。**

■ 故事二

从前，有个人虽然很富有，但是却很小气。有一次，他要找一个教书先生教自己的孩子。他先拿出了一张字据，上面写的是：无鱼肉也可无鸡鸭也可青菜萝卜万不可少不得工钱。他说自己的报酬很少，如果同意就在字据上签字。他想表达的意思是：**无鱼肉也可，无鸡鸭也可，青菜萝卜万不可少，不得工钱。**

没想到这个教书先生看了，马上就答应了。

结果吃第一顿饭时，这个教书先生看到桌子上摆的青菜，就大喊大叫起来："怎么都是素菜没有荤菜，字据上不是写好了吗——**无鱼，肉也可；无鸡，鸭也可；青菜萝卜万不可，少不得工钱。**" ■

二、句内停延

什么是句内停延?

句内停延是指人们在说较长的句子时，出于自身生理换气或便于对方理解的需要而做出的停延。句内停延可以用符号"/"表示。

句内停延和语法结构有关系吗?

句内停延通常取决于一定的语法关系。停延一定要在具有相对完整意思的主语、谓语、宾语、定语、状语、补语等处进行。但这并不是说，不同的句子成分之间一定要停延，句子成分之间的停延一般发生在某个较长的句子成分之前或之后。如：

1	今天开会迟到的人/请等一会儿。（主语较长）
2	今天/温度不高也不低。（谓语较长）
3	我刚听说/刘经理生病住院了。（宾语较长）
4	这是我收到的/最漂亮最实用的礼物。（定语较长）
5	在妈妈的照顾下/他很快就好了。（状语较长）
6	他累得/一躺下就睡着了。（补语较长）

句内停延和语速有什么关系？

语速也是影响句内停延的一个因素。一般来说，语速慢时停延多，语速快时停延少。同样一句话，用不同的语速时可以有不同的停延。如：

这是我收到的/最漂亮最实用的礼物。（语速快）
这是我收到的/最漂亮/最实用的礼物。（语速中）
这是/我收到的/最漂亮/最实用的/礼物。（语速慢）

在一个句子中，除非有特别多的并列成分，否则停延最好不要超过三个。停延太多会给人语言不流畅的感觉。

三、逻辑停延

什么是逻辑停延？

有时一句话停延的地方不同，往往会表达出不同的意思，这种停延可以称为“逻辑停延”或“强调停延”。如“我怕他说不下去了。”如果在“怕”的后面停延，意思是“我担心他说不下去了”；如果在“他”的后面停延，意思是“我看见他害怕，我说不下去了”。类似的例子如：

1	我看见老师/笑了。（我笑了。） 我看见/老师笑了。（老师笑了。）
2	这些衣服，最贵的一件/六百块钱。（只有一件最贵，六百块钱。） 这些衣服，最贵的/一件六百块钱。（最贵的可能不只一件。）

3	他姐姐/和我想的一模一样。（我想象他姐姐的样子、性格等。） 他姐姐和我/想的一模一样。（两个人有同样的看法。）
4	领导/对大家提出的意见是有准备的。（大家提的意见。） 领导对大家提出的意见/是有准备的。（领导给大家提意见。）
5	二加五/乘以三/等于多少？（21） 二加/五乘以三/等于多少？（17）
6	我支持/他也支持/你怎么样？（我们两个都支持，你支持吗？） 我支持他/也支持你/怎么样？（你们两个我都支持，怎么样？）
7	他知道/你回来以后病了。（你病了，他知道。） 他知道你回来以后/病了。（你回来以后，他病了。）
8	他听说你回来以后/才想起那件事。（你回来以后，他才想起那件事。） 他听说/你回来以后才想起那件事。（你回来以后才想起那件事，他听说了。）

逻辑停延与句内停延的关系

逻辑停延通常存在于句子之中，所以说它是一种特殊的句内停延。和逻辑重音一样，是否需要设置逻辑停延也要根据具体的语境和表意需要来确定。

句内停延和语速有密切的关系。语速快时，可以省略一些句内停延。但是因为具有表意作用，说话或朗读时，不管在什么语速下，句中的逻辑停延都一定要表现出来，否则就无法准确表达自己的意思。

第三节

句 调

什么是句调？

句调是指整句话音高升降的变化，一般分为四种：高升调、低降调、平直调和曲折调。

声调与句调的关系

关于声调与句调的关系，语言学家赵元任有一个形象的比喻，就是“波浪说”。他把句子中音节的声调比喻为小波浪，把句调比喻为大波浪，两者的关系就是“小波浪跨在大波浪上面。实际结果是两种波浪的代数和，正加正则数值更大，正加负则数值减少”。例如，如果句子末尾是第二声，句子是升调，第二声本来也是个升调，这时在升调句子末尾的第二声就比平时升得更高，如“你要买房？↗”同样，在降调句子末尾的第四声就比平时降得更低，如“我不想去。↘”而如果句子是降调，其末尾的声调是第二声的升调，这就是“正加负”，那么这个第二声整个音调就有所降低，但仍然是第二声的调型，如“他吃糖。”关于这一点，吴宗济先生有更详细的解释，可参看《吴宗济语言学论文集》（商务印书馆2004年）第340—343页。■

句子末尾的声调对句调有什么影响？

句调和声调都是音高的变化形式，但声调只是一个字或音节的音高变化，因此又叫“字调”。声调在句中因受语调的影响会有一些细微变化，而句子末尾的句调也会受到不同声调的影响。

1. **上升句调与句尾字调**

（1）如果字调也是上升的，即二声或三声，句尾上升就比较自然，如：他姓杨？她姓马？

（2）如果字调是平的，即一声，句尾上升就稍弱一些，如：他姓张？

（3）如果字调是降的，即四声，句尾上升会更弱，如：他姓赵？

2. **下降句调与句尾字调**

（1）如果字调是降调，即四声，句尾下降就比较自然，如：他姓赵。

（2）如果字调是平的，即一声，句尾下降就稍弱一些，如：他姓张。

（3）如果字调是升的，即二声或三声，句尾下降就更弱，如：他姓杨，她姓马。

什么是高升调？

高升调的句子由平往高升，句子末尾有明显的上扬，整句话呈现出逐渐上升的趋势，可以用“↗”表示。高升调常用来表达疑问、反问、惊异、号召等。如：

（1）你会说汉语吗？↗（疑问）

（2）难道你不认识他？↗（反问）

（3）这么难的歌你都会唱？↗（惊异）

（4）大家一定要努力！↗（号召）

什么是低降调？

低降调的句子由平到降，句末有明显的下降，整句话呈现出逐渐下降的趋势，可以用“↘”表示。低降调常用来表达感叹、请求、肯定等。如：

（1）这件衣服真是太漂亮了！↘（感叹）

（2）你就让我看看吧。↘（请求）

（3）明天我一定去。↘（肯定）

什么是平直调？

平直调的句子全句始终保持同样的音高，没有明显的高低升降的变化，用“→”表示。平直调常用来表达叙述、严肃、冷淡、呼唤等。如：

（1）今天下午到明天多云。→（叙述）

（2）这个活动每个人都必须参加。→（严肃）

（3）这件事跟我没关系，我不感兴趣。→（冷淡）

（4）张——小——光——→（呼唤、远方）

（5）王克伟，电话。→（呼唤，近前）

什么是曲折调？

曲折调的句子高低起伏，变化较多。有时先升后降，有时先降后升，或者只体现在句中某一两个音节上，将其拖长声音，加以变化，常用来表达含蓄、讽刺、意在言外等。如：

（1）我和男朋友↘已经花了那九块钱了↗。（含蓄、高兴）

（2）他妈妈住了一个多月院↗，现在已经走了↘。（含蓄、悲哀）

（3）你多聪明啊↗，就没有你不知道的↘。（讽刺）

（4）经理马上就来了↘，你还在上网聊天呢↗？（意在言外）

句调与感情及情境

高升调、低降调、平直调和曲折调主要是就音高的升降来说的。但同样的句调，在表达不同的感情时也会有所不同。如悲哀时会比心平气和时低一些，兴奋或发怒时会变高，呼喊远方的人或喊口号时会更高更强，说悄悄话时会低些弱些。因此，在朗读中要结合具体语境体会不同的感情，这样才能进行准确恰当的表达。■

第四节

语 气

什么是语气?

语气是交际中为表达特定的思想感情而运用的特定的语音形式。语气体现了说话人的态度、情感、观点、个性等具体倾向，它是超越话语字面意义的深层内涵。语气是人们运用语言进行交际的基本凭借，人们所说出的每一句话都包含着具体的语气信息，只有运用恰当的语气才能准确生动地传递自己的思想意图，同时这种语气信息必须被听话人正确理解才能完成有效的交际。

普通话中常见的语气类别有哪些?

普通话中常见的语气类别有四种：陈述、疑问、感叹和祈使。根据这四种基本的语气类别，可以把句子分为四大类：陈述句、疑问句、感叹句和祈使句。

1. 陈述

陈述语气和陈述句常常用来说明一种情况或叙述一种事实。一般的陈述句感情比较平淡，没有特别明显的倾向或态度。如：

（1）我是学生，我喜欢游泳。

（2）今天是晴天，没下雨。

有时，在陈述句中会用上否定词语，甚至是双重否定，读时加上重音，可表达出确定、坚决的态度。如：

（3）我 ' 不去。

（4）我 ' 非把这些钱挣回来不可。

2. **疑问**

疑问语气和疑问句用于表达疑问，有时是真的有疑而发问，这时通常需要对方给一个回答；有时是无疑而问，这时是想通过疑问的形式表达自己的某种观点态度，一般称为反问句。根据语法结构的特点，疑问句可以分为四种：

（1）是非疑问句，只需要对方做出肯定或否定的回答。如：

① 你是老师吗？

② 你结婚了吗？

③ 明天要下雨，是吗？

（2）正反疑问句，用肯定和否定并列的形式提出疑问，希望听话人给出肯定或否定的回答。如：

① 这个菜好吃不好吃？

② 他有没有女朋友？

③ 这个假期去北方旅行，行不行？

④ 这件衣服你喜欢不？

（3）选择疑问句，在疑问中为对方提供一些选择，要求对方回答出具体的选择是什么。这种选择可以是问句中提供的，也可以是问句提供的选择之外的。如：

① 你想去北京，还是去上海？

② 你是日本人，还是韩国人？

③ 这本书是马克的，还是大卫的？

（4）特殊疑问句，对某个方面的具体信息提出疑问，常常用疑问代词提出，希望对方对这一具体问题做出具体的答复。如：

① 你喜欢什么运动？

② 谁是你们的领导？

③ 为什么你不告诉我们？

3. **感叹**

感叹语气和感叹句用于表达比较明显的强烈的感情，如高兴、喜欢、赞叹、惊讶、悲伤、恐惧、愤怒、祝愿、警告、规劝、提醒，等等。具体的情感意图要在具体的语境中去领会理解。如：

（1）这酒真是太好喝了！（喜欢、赞叹）

（2）你看起来这么年轻，都有孩子了呀！（惊讶）

（3）我这个病病得可真不是时候！（无奈、悲伤）

（4）祝你们百年好合、幸福美满！（祝愿）

（5）你天天都这样，可不行啊！（警告、提醒）

（6）一定要注意安全哪！（规劝、提醒）

4. 祈使

祈使语气和祈使句是用来告知别人做或不做某件事的。从具体的情感意图上看，这种告知可能是商量、请求、建议、催促、号召，也可能是劝阻、命令和禁止等。如：

（1）明天的活动你去参加吧。（商量）

（2）请你一定要帮帮我呀！（请求）

（3）你赶快走吧。（催促）

（4）大家一定要再接再厉！（号召）

（5）别抽了！（劝阻）

（6）你马上去，不能迟到。（命令）

（7）不准拍照！（禁止）

语气的表现方式有哪些？

1. 语调

语调是语气的语音形式。在具体的话语交流中，语气是通过语调来呈现的。人们说的每一句话都包含着具体的重音、停延、句调等语调信息，只有这样，才能准确地表情达意。语调是语气表达的必要形式，也就是说，语气的表达离不开语调，没有了语调，语气也就无从表达。

2. 语法形式

能够用来表达语气信息的语法形式有：

（1）语气词：的、了、呢、吗、吧、啊、嘛、呗、罢了、啦……

（2）叹词：哎、唉、哦、哼、嗯、哎呀……

（3）表示语气的副词：难道、究竟、幸亏、竟然、难怪、只好、何必……

（4）疑问代词：哪、什么、为什么、谁、怎么……

（5）特殊句式：V不V、A还是B、真+adj……

3. **标点符号**

标点符号是语气语调的书面表现形式。汉语中的标点符号有很多，常用的表示语气语调的有三种：句号、问号和感叹号。

（1）句号一般表示陈述和祈使语气。如：

① 他回家了。

② 帮我个忙吧。

（2）问号一般表示疑问语气。

① 你叫什么名字？

② 他是老师吗？

（3）感叹号一般表示祈使和感叹语气。如：

① 你不能再喝了！

② 这里的风景真漂亮啊！

不同的表现形式是如何表达语气信息的？

在实际的语流中，语气信息常常是靠不同的表现形式互相配合来传递的。如：

（1）你知道？（语调）

（2）你去，还是我去？（特殊句式、语调）

（3）你喜欢吗？（语气词、语调）

（4）你什么时候回去？（疑问代词、语调）

（5）真漂亮！（特殊句式、语调）

（6）啊？真的？（叹词、语调）

（7）你竟然不知道？（语气副词、语调）

（8）他同意不同意呢？（特殊句式、语气词、语调）

（9）他究竟同意不同意呢？（语气副词、特殊句式、语气词、语调）

（10）唉！他究竟同意不同意呢？（叹词、语气副词、特殊句式、语气词、语调）

前边已经说过，语调是语气表达的必要形式，标点符号是提示语气信息的必要的书写形式。其他的语气词、叹词、语气副词、疑问代词、特殊句式等都是表达语气的补充形式，它们单独或者共同和语调一起配合完成语气的表达。

不同的语气一般通过什么样的语调来实现？

语调是语气表达的必要形式，那么，汉语中四种常见的语气一般通过什么样的语调来实现呢？

（一）陈述句的语调

陈述句一般读降调或平直调，否定的陈述句中否定部分一般重读，表示严肃、冷淡、呼唤等意图的陈述句多读平直调。如：

（1）我是中国人。↘

（2）我喜欢吃中国菜。↘

（3）我＇非把这些钱挣回来不可。↘

（4）这个活动每个人都必须参加。→（严肃）

（5）这件事跟我没关系，我不感兴趣。→（冷淡）

（6）张老师——→（呼唤）

（二）疑问句的语调

1. 是非问句

是非问句一般读升调，但是疑问句尾的“吧”有推测作用，常常不是真的提问，而是想得到确认，所以常常读降调。如：

（1）你是中国人？↗

（2）你不喜欢吃中国菜？↗

（3）明天会下雨吗？↗

（4）你是中国人吧？↘

2. 正反问句

全句读降调，肯定部分重读，否定部分轻读，正反重叠部分语速一般较快。如：

（1）你＇会不会说汉语？↘

（2）他今天＇来不来？↘

3. 选择问句

前一部分读升调，后一部分都降调，句中供选择的部分重读。如：

（1）你＇明天去↗还是＇后天去？↘

（2）他是＇韩国人↗还是＇日本人？↘

4. **特指问句**

全句句调逐渐下降，疑问代词常常重读。如：

（1）你叫＇什么名字？↘

（2）苹果＇多少钱一斤？↘

5. **无疑而问的反问句**

反问句是想通过疑问来表达自己的真正意思，一般有突出强调的作用，常常读升调。如：

（1）难道＇你知道？↗

（2）那怎么能＇一样呢？↗

（三）感叹句的语调

感叹句一般表达较为复杂的感情，常常用曲调，先升后降，或先降后升。如：

（1）明天没有考试↘，太好啦！↗

（2）你怎么↗这么不听话呢！↘

（四）祈使句的语调

1. 语气委婉的祈使句，全句声音较低，前面的小句句尾句调略有上升，全句结束缓慢下降。如：

（1）请出示您的证件。↘

（2）明天一定别迟到哇。↘

（3）我没听明白↗，请您再说一遍。↘

（4）今天太晚了↗，你明天再来吧。↘

2. 语气强硬，命令或禁止时，全句声音较高，句末调子急促下降。如：

（1）安静点儿！↘

（2）停车！↘

第五节

叹词和语气词

语气的语法表现形式和词汇、语法有密切的关系。因为叹词和语气词与语气语调的联系较为直接，所以在本节稍作介绍，以帮助读者加深对语调语气的理解。

一、叹词

关于普通话的叹词

叹词常用来表达呼唤、应答、感叹等意义。叹词的独立性很强，它一般单独使用，独立于句子结构之外，可在句首、句中和句尾。如：

（1）咦？这是什么？

（2）你能借来钱？哼，谁信哪？

（3）你到底去不去呀，嗯？

叹词的语气表达

叹词一般声调不固定，都有两个或多个声调的读法，而且常常和语调结合起来，同一个叹词由于语调的不同可以表达不同的语气。下面是一些常见的叹词的语气表达功能：

1. ɑ啊

（1）你可别忘了，啊。（一声、平直调，表示叮嘱）

（2）啊？什么时候的事儿呀？（二声、升调，表示询问、不知道）

（3）啊？真的假的？（三声、先降后升的曲折调，表示惊讶）

（4）啊，好的，没问题。（四声、短的降调，表示应答、同意）

（5）啊，这里太美了！（四声、长的降调，表示赞叹）

2. o哦/噢/嚄

（1）噢，原来是你做的。（一声、平直调，表示了解）

（2）哦，他真的会来吗？（二声、升调，表示有所怀疑）

（3）噢，你们也要去？（三声、先降后升的曲折调，表示惊讶）

（4）哦，好的。（四声、低降调，表示应答、同意）

（5）哦，我知道了。（四声、低降调，拖得较长，表示领会、明白）

3. ai哎/嗳/唉/欸

（1）哎，我想出个好办法。（一声、平直调，表示提醒、引起注意）

（2）欸，我在这儿呢。（一声、长的平直调，表示应答、引起注意）

（3）嗳，你可不能这么说。（三声、曲折调，表示不同意、否定）

（4）唉，这么好的工作机会给丢了。（四声、低降调，表示惋惜、伤感）

4. n嗯

（1）嗯，这是什么？（二声、升调，表示疑问）

（2）嗯，这样不行。（三声、先降后升的曲折调，表示不同意、否定）

（3）嗯，就这么办。（四声、低降调，短促有力，表示同意、决定）

叹词的写法

因为叹词多在口语中使用，它的语调和语气变化比较丰富，所以书面上叹词的写法不太固定，上面的读音为“o”和“ai”的叹词都有不同的写法。有的叹词还有不同的读音，如叹词“欸”有“ai”和“ê”两个读音。《现代汉语词典》中有叹词的读音和写法，但有的也不常用，如“ou呕”。一般来说，了解常用叹词的写法和意义即可。■

二、语气词

关于普通话的语气词

顾名思义，语气词就是专门用来表达语调语气的词。语气词具有较强的附着性，它常常用在句子末尾，有时也可用于句中表示停顿。如：

（1）我们快走吧。

（2）你呀，下次不能这样了。

语气词和叹词的不同

叹词独立性很强，可在句首、句中和句尾，但一般是单独使用，不参与其他句子成分。语气词附着性很强，可用在句中表示停顿，也可用在句尾。另外，从读音上看，叹词一般没有固定的声调，其声调由具体的语境来决定，而语气词一般只读轻声。如“啊！太棒了！”句首的“啊”读四声表示感叹语气，是叹词。“他这个人啊，离了书就不能活了。”句中的“啊”读轻声，表停顿，是语气词。

常见的语气词及其表达的语气

普通话中常见的语气词有六个：的、了、呢、吗、吧、啊。它们和四种常见语气的表达关系是：

1. 陈述语气：的、了、呢、啊、吧

（1）我一定会尽力帮助你的。

（2）他昨天就走了。

（3）他在屋里看电视呢。

（4）这件事情有点麻烦啊。

（5）他没来上课，可能病了吧。

2. 疑问语气：呢、吗、吧、啊

（1）什么时候去好呢？

（2）你会弹钢琴吗？

（3）你是刘老师吧？

（4）这究竟是谁干的啊？

3. 感叹语气：啊

（1）他的英语说得真好啊！

4. 祈使语气：吧、了、啊

（1）你快说吧。

（2）别玩了，吃饭了。

（3）你一定要听从他的建议啊！

语气词的连用

1. 两个语气词连用

上述六个是常用的单独的语气词，有时语气词也可以连用，即在一句话中使用两个语气词。如：

（1）你听见我说的话了吗？

（2）你们昨天来的吧。

（3）这样下去你的身体会累坏的啊！

（4）我们不是正在准备呢吗？

2. 合音语气词

两个语气词连用时，如果后一个语气词是元音开头的零声母音节，通常两个语气词要发生连音，合成一个音节，写成一个字。如：

（1）我太高兴啦。（了、啊连音 la）

（2）你还在睡觉哪。（呢、啊连音 na）

（3）这个问题我可不会喽。（了、哦连音 lou）

（4）你是学生嘛。（么、啊连音 ma）

（5）你就帮帮他呗。（吧、欸连音 bei）

3. 语气词“啊”的音变

语气词“啊”和其他音节连用时，一般都要发生音变，这一点第五章第四节已经讲过。

思 考

1. 什么是语调？什么是语气？语调和语气有什么关系？
2. 什么是重音？重音发音有什么特点？
3. 什么是词重音？汉语词语常见的重音模式有哪些？
4. 什么是规律重音？常见的规律重音有哪些？
5. 重音和词义有没有关系？请举例说明。
6. 什么是逻辑重音？举例说明逻辑重音和意义表达的关系。
7. 什么是停延？停延可以分为哪些类型？
8. 句际停延在书面上靠什么来体现？
9. 举例说明句内停延和语法结构及语速有什么关系。
10. 举例说明什么是逻辑停延。
11. 什么是句调？普通话常见的句调类型有哪些？
12. 普通话中常见的语气类别有哪些？一般通过什么样的语调来实现？
13. 语气的表现方式有哪些？这些表现方式是如何表现语气的？
14. 举例说明普通话叹词的特点及其表达语气的作用。

15. 举例说明普通话语气词的特点及其表达语气的作用。

测验

一、填空

1. 普通话的语调主要表现在________、________和________等方面。
2. 语句重音可以分为________和________两种。
3. 根据词语中各个音节强弱的不同，可以把词的读音分为________、________和________。
4. 停延一般可以分为________、________和________三种。
5. 句际停延在书面上主要靠________来体现。
6. 普通话的句调一般可以分为________、________、________和________。
7. 普通话常见的语气有________、________、________和________。
8. 普通话中常见的六个语气词是:________、________、________、________、________和________。

二、判断

1. 在句子中，由于受句调的影响，声调的调型可能会发生改变。 （ ）
2. 在词和句子中，重音的音强会加强，音高和音长一般不发生变化。 （ ）
3. “他女朋友是个热情大方的人”。该句中“热情大方”一般要重读。 （ ）
4. “请你再说一遍”。该句中“再”应该重读。 （ ）
5. 一句话中顿号停延时间最短。 （ ）
6. 语速快时停延较少，语速慢时停延较多。 （ ）
7. 疑问句都应该用升调来读。 （ ）
8. 叹词独立性很强，可以用在句首、句中和句尾。 （ ）
9. 语气词附着性很强，只能用在句尾。 （ ）

三、选择

1. 下列（ ）和别的词的重音格式不同。

   A 书包　　B 鲁迅　　C 馒头　　D 新闻

2. 下列（ ）和词语“胡萝卜”的重音格式相同。

   A 姑娘家　　B 累着呢　　C 自行车　　D 男朋友

3. 下列（ ）和词语“漂漂亮亮”的重音格式相同。

   A 噼里啪啦　　B 争先恐后　　C 研究研究　　D 乌鲁木齐

4. 词语“怪不得”的重音格式属于（　　）。

A 中轻重　　B 中重轻　　C 重中轻　　D 重轻轻

5. 下列（　　）句中加点的副词一般要轻读。

A 今天比昨天还热呢。　　B 这本书我又看了一遍。

C 今天你就先住在这儿吧。　　D 我的朋友们都喜欢这部电影。

6.“这些书你看过哪本？”下列（　　）句的回答是正确的。

A 'Ι我看过这本。　　B 我'看过这本。

C 我看过'这本。　　D 我看过这'本。

7.“这件事难道你不知道？”这句话应用（　　）来读。

A 平调　　B 升调　　C 曲调　　D 降调

8. 语气词“吧”不能表达（　　）语气。

A 陈述　　B 祈使　　C 疑问　　D 感叹

四、问答

1. 副词“就”在句中需要重读还是轻读？请举例说明。

2. 用不同的逻辑重音标读下列句子，并说明意义的区别。

（1）我明天就和小张一起去北京。

（2）这套房子已经租给刘姐了。

3. 用不同的逻辑停延标读下列句子，并说明意义的区别。

（1）他看见奶奶笑了起来。

（2）我赞成老张也赞成你怎么样？

（3）你说不过小李也得说。

（4）你不去请他去。

（5）这件事他做不好。

4. 语气的表现方式有哪些？举例说明不同的表现方式是怎么表现语气的。

5. 举例说明叹词“啊”可以表达哪些语气。

6. 举例说明语气词“啊”可以表达哪些语气。

下 篇 教学篇

第七章

汉语语音特点与教学要点

导 读

- 与其他语言相比，汉语在语音方面有什么特点？
- 汉语语音教学应该包括哪些内容？
- 语音教学应该达到什么样的目标？
- 国际汉语和母语的语音教学有什么不同？
- 成人和儿童的语音学习有什么不同？
- 《汉语拼音方案》在语音教学中有什么作用，应注意什么问题？

读完本章，您会对以上问题有一个明确的认识。

第一节

汉语语音的特点

人们接触一种语言，往往首先从语音上去感知它。对于汉语，不同的人感觉可能不一样。有的人觉得很好听，听起来抑扬顿挫的，有很强的音乐性，像唱歌一样；有的人觉得汉语太难了，高低升降变化太多，说起来很拗口。

汉语语音的什么特点会让人们有这样的感觉呢？

汉语在语音方面有哪些突出的特点？

不管是学语言，还是教语言，把握语言的特点很重要。要想说好汉语，练好普通话，就要首先认识汉语语音方面的特点。现代汉语普通话的语音在以下方面有突出的特点：

1. **有声调**

这是汉语在语音方面最重要的特点。汉语几乎每个音节都有声调，这样可以使音节与音节之间的界限非常分明，在听感上有高低升降交替变化，这就是有人认为汉语有很强音乐性的主要原因。但另一方面，声调的这种高低升降的变化对外国人特别是那些母语没有声调的外国人来说非常难，在学习的初期，往往他们憋足了劲还是无法准确感知并发出正确的声调，因此声调是外国人学汉语语音的重点，也是难点。

2. **元音占优势**

元音是汉语音节的必备组成部分。一个音节可以没有辅音，但必须有元音，而且汉语中由复元音构成的音节很多，全部由复元音构成的韵母就有13个。汉语有声调的高低变化，再加上元音的响亮性，更增强了汉语语音的音乐性。

3. **没有复辅音**

其他语言如英语中，有时是两个辅音连在一起的，如sport [spɔ:t] 中的 [s] 和 [p]。汉语中绝对没有两个或三个辅音连在一起的现象，“床”chuáng中ch和ng虽然是两个字母，但代表的是一个辅音，分别是 [tʂʻ] 和 [ŋ]。因此汉语的音节界限很分明，结构也很整齐。

第二节

汉语语音的教学内容

> 有人认为，汉语语音的内容是很简单的，教了声母、韵母和声调，再学会如何认读拼音，语音教学的任务就完成了。这种看法对吗？

汉语语音教学等同于拼音教学吗？

汉语拼音是汉语语音的一个重要方面，它在初级阶段可以帮助学生训练和掌握汉语的语音系统（柯彼德，2003）。李培元（1987）曾以《汉语拼音方案》为基础，讨论了语音教学的重点、难点及应注意的问题，并从声母、韵母、声调以及变调、轻声、儿化等方面进行了比较详细的分析，这些都是语音教学应有的内容。此后学者对语音教学内容的讨论几乎都会提到这几个方面（赵贤州，1996；王群生，2003；叶军，2003），可以说，与拼音有关的各个方面构成了国际汉语语音教学的基本内容。

但是，在实际交际中，人们思想的表达和交流多是通过由一系列单个音节组成的语流来实现的。林焘（1979）针对“学生汉语的味儿”不够的问题，指出其主要原因是声调、轻重音和语调说得不够好，提倡在以往的重视字音教学的基础上，把字音教学和语流教学结合起来。董明晔（1989）指出语音教学要加强动态语音训练，要通过朗读、会话等培养语流感，提出要掌握由“语句的升降和节奏（停顿、重音等）”组成的语调。林焘（1990）提出，汉语语音在四个层面上具有韵律特征，其中音节组合层指轻重音和连读音变，语句层主要指语调，他提的语调是狭义的，其实是指句调。这样，由停顿、重音、句调等组成的语调被作为教学的一个独立的方面提了出来，后来仍有与此相关的论述（林焘，1996；蒋以亮，1998）。叶军（2003）进一步强调，只有拼音教学的语音教学是不完整的，“还要教停顿、轻重音、语调等语句韵律”。

由此可知，汉语语音教学并不能简单地归于拼音教学，与汉语语音有关的诸多方面都应被列为语音教学的重要内容，主要有声母、韵母、声调、轻声、变调、儿化、重音、停延、句调等。

汉语语音教学的具体项目有哪些?

国际汉语语法和词汇教学都有现成的大纲作为依据，目前还没有关于语音教学的统一的纲领性文件，但相对来说，语音的内容是相对固定和封闭的，我们很容易列出一个具体的项目清单。参看下文，带*的为可选项目。[1]

1. 声调

（1）单字调：一声［55］、二声［35］、三声［214］、四声［51］和半三声［21］

[1] 所谓可选，就是说在国际汉语教学中根据具体情况，可以不专门教授。

（2）双字调连调模式

前字＼后字	一声	二声	三声	四声	轻声
一声	一一	一二	一三	一四	一声+轻声
二声	二一	二二	二三	二四	二声+轻声
三声（变调）	三一	三二	三三	三四	三声+轻声
四声	四一	四二	四三	四四	四声+轻声

2. 韵母

（1）单韵母：ɑ [A]、o [o]、e [ɤ]、i [i]、u [u]、ü [y]、ê [ɛ]、er [ɚ]、-i [ɿ]、-i [ʅ]

（2）前响复元音韵母：ɑi [ai]、ei [ei]、ɑo [ɑu]、ou [ou]

（3）中响复元音韵母：iɑo [iɑu]、iou [iou]、uɑi [uai]、uei [uei]

（4）后响复元音韵母：iɑ [iA]、ie [iɛ]、uɑ [uA]、uo [uo]、üe [yɛ]

（5）前鼻音韵母：ɑn [an]、iɑn [iɛn]、uɑn [uan]、üɑn [yæn]、en [ən]、uen [uən]、in [in]、ün [yn]

（6）后鼻音韵母：ɑng [ɑŋ]、iɑng [iɑŋ]、uɑng [uɑŋ]、eng [əŋ]、ueng [uəŋ]、ing [iŋ]、ong [uŋ]、iong [iuŋ]

3. 声母

（1）双唇音：b [p]、p [p‘]、m [m]

（2）唇齿音：f [f]

（3）舌尖前音：z [ts]、c [ts‘]、s [s]

（4）舌尖中音：d [t]、t [t‘]、n [n]、l [l]

（5）舌尖后音：zh [tʂ]、ch [tʂ‘]、sh [ʂ]、r [ʐ]

（6）舌面音：j [tɕ]、q [tɕ‘]、x [ɕ]

（7）舌根音：g [k]、k [k‘]、h [x]

（8）塞音：b [p]、p [p‘]、d [t]、t [t‘]、g [k]、k [k‘]

（9）擦音：f [f]、s [s]、sh [ʂ]、r [ʐ]、x [ɕ]、h [x]

（10）塞擦音：z [ts]、c [ts‘]、zh [tʂ]、ch [tʂ‘]、j [tɕ]、q [tɕ‘]

（11）边音：l [l]

（12）鼻音：m [m]、n [n]

（13）不送气音：b [p]、d [t]、z [ts]、zh [tʂ]、j [tɕ]、g [k]

（14）送气音：p [pʻ]、t [tʻ]、c [tsʻ]、ch [tʂʻ]、q [tɕʻ]、k [kʻ]

（15）浊音：m [m]、n [n]、l [l]、r [ʐ]

4. 音节

（1）声韵拼合规律

（2）音节拼读方法

（3）音节拼写规则：省写规则、标调规则、隔音规则

5. 连读变调

（1）三声变调

（2）“一”“不”的变调

（3）语气词“啊”的音变*

（4）形容词重叠的变调*

6. 轻声

（1）常用的轻声词

（2）轻声对词性和词义的区别作用

（3）固定读为轻声的语法成分

7. 儿化

（1）常用的儿化词

（2）儿化对词性和词义的区别作用

（3）儿化的感情色彩

8. 重音

（1）词重音*

（2）句重音：规律重音和逻辑重音

9. 停延

（1）句际停延

（2）句内停延

（3）逻辑停延

10. 句调

（1）高升调

（2）低降调

（3）平直调

（4）曲折调

11. 语气

（1）陈述

（2）疑问

（3）祈使

（4）感叹

第三节

汉语语音的教学目标

马克学汉语的目的是用汉语主持介绍中国文化的节目，所以他的汉语老师对他的发音要求特别严格，只要有一点儿不标准的地方，就督促他反复纠正练习。大卫学汉语的目的是在中国旅游体验中国文化，他想快速学会一些常用的交际用语，所以他的老师对他的发音要求不是那么严格，一般只要别人能听懂不引起歧义就行了。

这两位老师对学生的语音要求合适吗？国际汉语教师在教学中对学生的语音目标应如何定位？

学界对语音教学目标的研究评介

学者们对于教学目标的讨论多是和语音教学的标准问题联系在一起的。盛炎（1990）指出，语音教学存在两种标准：一种是“有缺陷而有效的交际”（defective but effective communication），这是20世纪70年代欧洲功能派提出的标准，主要是以大量的业余学习者为对象的；另一种是“标准的发音，有效的交际”（good communication with good pronunciation），这是针对参加学校正规语言训练的学生来说的。在此基础上，盛炎指出应该要求学生在初级阶段很好地掌握第二语言的音位系统等，“不要打任何折扣，以百分之百为目标”。可以说这是继承了赵元任（1980）所持的观点。赵元任曾论述说：“最初对于音的本身的学习，是一个很费劲、很难的、对于以后学东西影响非常大的一个工作。”

他强调开始打基础的重要性，认为如果基础打不好，以后所学的都要打折扣，甚至会不及格。所以他提出：开始“人人都要以百分之百为目标”。赵元任的语音教学观对国际汉语教学产生了非常深远甚至可以说是决定性的影响（王汉卫，2002）。

张英（2000）总结了语音教学标准讨论的两大热点，一是主张严，一是主张宽。她从语音教学发展史的角度，把前者归属于传统派，把后者归属于现代派，并通过对两种观点持论依据的分析，指出他们论题对象的背景不一致所造成的观点的模糊性，提出“首先要确定教学对象，然后再论宽严，以便确定合理的语音教学标准”。张英的观点是：对短期班的学生可以从宽，但应该以不影响沟通为限；而对于零起点的语音教学标准要高、要求要严；初级班语音、词汇、语法应该三分天下，中高级班则根据学生的具体情况具体处理。

王汉卫（2002）从理论和调查两个方面对赵元任的语音教学观提出了质疑。在理论方面王汉卫从“标准化”、“化石化”、“语言的语义自我限定功能”三个角度进行了讨论，指出语音标准是“模糊的、潜在的、具有弹性的”，只能作为教学的依据，而不能作为初级阶段语音教学追求的目标；第二语言的学习者都会受自己已有的语音习惯的影响，因此“‘零起点’单就语音能力来说在第二语言教学中根本不存在”；语言具有自我限定功能，因此包含语音错误的交际从理论上说得过去，从实践上更是行得通。这就从理论上冲击了语音教学的标准化即从严的观点。王汉卫又从教学对象的角度对学习者的语音心理目标进行了调查，把语音目标分成具体的项目如声母、韵母、声调、轻声、儿化、变调、重音等，又分出五个不同的等级，指出学生的语音心理目标具有多元性，提出语音教学应该分阶段、分层次、长期化。但值得指出的是，该文以“像播音员”“像汉语老师”“像北方人”“像南方人”“只要中国人能听懂就行”分别对应于五个等级的划分值得商榷，这样描述虽然具有形象性，但三、四、五级之间的具体区别难以明确表述，而且学生是否能理解其真正内涵也无法把握。尽管如此，王汉卫的调查还是为语音教学目标的研究提供了一种新的思路。

毛世桢（2002）总结了H.H.Stern（1992）对外语语音教学目标的归纳，即可理解的（intelligible）、可接受的（acceptable）和完美口音（perfect accent），指出这种表述方法是直观性而非分析性的，对语音教学的设计和操作实践指导意义不够明显。他按照自己的看法，提出可以按照“达意—规范—表情—风格化”的阶梯性要求，引导学习者一步一步地发展。这和王汉卫（2002）提出的分层次的观点有相通之处。然而，这种描述是对总体层面上的概括，对具体的教学操作来说，可能还不是那么明确。语音教学究竟要达到什么样的目标，其根本在于要求外语学习者的语音能力达到什么样的水平（毛世桢，2002）。这可以作为确定语音教学目标的指导思想。■

目前可资参考的分级语音教学目标

由国家汉办/孔子学院总部研制的，由外语教学与研究出版社于2008年3月出版的《国际汉语教学通用课程大纲》在五级目标内容中对语音的描述如下：

一级目标

1. 掌握汉语拼音的正确读音；
2. 初步识别汉字的发音；
3. 了解汉语是有声调的语言，汉语普通话有四个声调和轻声。

二级目标

1. 了解语音在汉语学习中的意义；
2. 初步掌握汉语的几种常见变调规则；
3. 在日常会话中基本做到语音、语调正确。

三级目标

1. 对汉语拼音知识有一定的了解；
2. 能根据拼音拼读出不熟悉的生词和句子；
3. 在日常会话中能听懂带有连读、变调等语流音变因素的话语；
4. 在日常会话中做到语音、语调基本正确。

四级目标

1. 掌握汉语的拼音系统；
2. 能根据语音、语调、重音等了解话语含义；
3. 在日常会话中声调基本正确，并能正确使用连读、变调等；
4. 在日常会话中做到语音、语调基本正确、自然。

五级目标

1. 在日常交际中，逐步做到语音、语调自然、流畅；
2. 能运用语音、语调、重音等手段表达特殊含义；
3. 初步了解汉语的节奏和韵律；
4. 能听懂略带不同口音的普通话。

对更具体更具操作性的语音教学目标的探索

《国际汉语教学通用课程大纲》对各级别的语音目标做了具体的界定。可以看出，这些目标分级主要是从语音项目出发的，如一级了解声调和轻声，二级掌握常见的变调规则，三级做到语音语调基本正确，四级掌握汉语拼音系统，五级了解节奏和韵律等。但是在实际的教学中，有些目标内容可能是无法独立割裂开的，比如常见的变调词语“你好”“一起”“不是”在零起点的学生中就要接触到了，不可能避开不教给学生，在交际中不要求学生掌握就会影响交际效果。其他的如“是吗”“好的”中的轻声、“一点儿”中的儿化、“我'不是日本人，我是'韩国人”中的重音，这些内容在最初的学习过程中都要涉及。在最初的教学中提醒学生模仿发音，无疑对以后正确语音语调的形成大有裨益。如果因为其目标级别高而不予考虑，形成固定的偏误以后再去纠正就难上加难了。事实上，人们使用语言主要是为了进行交际，只要是交际，都会涉及声韵调、语调语气等内容，无非是词汇句法结构简单复杂程度不一样而已。所以，语音项目本身并无明显的难易先后之分，可以区分的是对这些项目运用的具体能力水平。

汉语教学的最终目标是让学习者获得汉语交际能力，语音教学的终极目标就应该是让学习者**获得汉语语音能力**。而任何能力的获得都不是一蹴而就的，都需要一个发展过程，因此，语音教学的目标可以**分层次**、**分阶段**地设置，这样不同学习特点不同学习需求的学习者都可以找到相应的目标层级，对具体教学的指导作用也就更大。

加里·D.鲍里奇（2002）把教育目标分为认知领域、情感领域和动作技能领域。我们知道，语音是语言的物质外壳，人与人之间的有声交流主要通过语音来实现，而语音主要是通过人类的发音器官发出的，不管是声韵调还是语调语气，都是靠发音器官的一系列协同动作来实现的，毛世桢（2008）也指出“语音能力最终转化为构成语音行为的动作技能”。加里·D.鲍里奇（2002）对动作技能类目标的介绍如下：

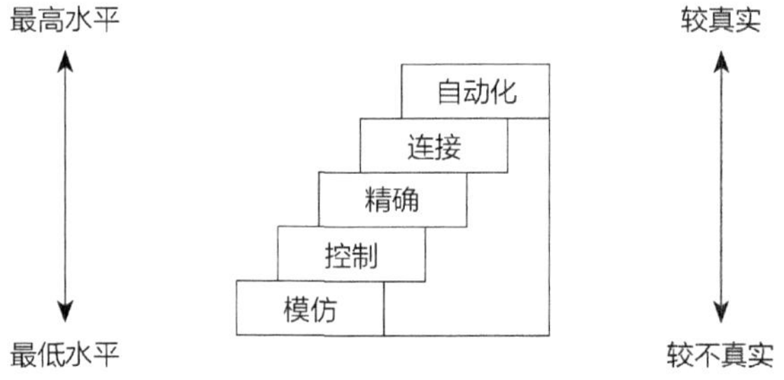

教育目标分类：动作技能领域（Harrow，1972）

——转引自加里·D.鲍里奇（2002）

作为一种动作技能，语音能力的形成不是一次完成的，它应该具有一定的层级性，每个层级应该有不同的目标要求。上述这种分类可以为我们制订语音能力形成的层级目标提供参考。按照这五个层次并参考加里·D.鲍里奇所列举的反映各层次的词语，结合汉语语音能力的具体内涵，我们可以考虑把国际汉语教学的语音教学目标描述为：

（1）初步了解普通话声母、韵母、声调、声韵拼合、连读音变、语调（重音、停延、句调）、语气等的特点、发音方法和规律；能在一定的指导下正确感知和模仿普通话的发音；

（2）深入了解上述语音方面的特点、发音方法和规律，能够独立模仿普通话的发音；

（3）独立掌握上述语音方面的特点、发音方法和规律，能够自信熟练地运用汉语普通话进行交际；

（4）熟练掌握上述语音方面的特点、发音方法和规律，能够自动流畅地运用汉语普通话表情达意。

这四个方面分别对应于上述的模仿控制、精确、连接和自动化各个层级，它们由低到高依次体现学习者语音能力的发展提高。在具体的教学中，从纵向发展的角度来看，语音内容的各个项目都要依次实现正确感知和模仿、独立理解运用、自信熟练地运用、自动流畅地运用的目标。

第四节

国际汉语语音教学与母语教学的对比

小张和小王都是国际汉语教师。小张是历史专业毕业的，在他的印象里，语音教学就是小学时期学过的声母、韵母和声调，于是，他在教外国人学汉语时也就只安排了这些内容。小王是汉语言专业毕业的，他上过语音学的专业课，在自己的教学中，他打算从音系学音位学的理论出发，对语音的不同性质特点、汉语的音位系统及各个音素的发音特点和发音方法进行系统专业地介绍。

小张和小王的考虑与安排合适吗？为什么？

汉语母语语音教学

1. 九年义务教育阶段

《九年义务教育语文新课程标准》对汉语语音教学的规定内容摘录如下：

总目标：学会汉语拼音。能说普通话。

阶段目标

第一学段（1 ~ 2年级）

（一）识字与写字

学会汉语拼音。能读准声母、韵母、声调和整体认读音节。能准确地拼读音节，正确书写声母、韵母和音节。认识大写字母，熟记《汉语拼音字母表》。

能借助汉语拼音认读汉字。

（二）阅读

学习用普通话正确、流利、有感情地朗读课文。

（四）口语交际

学讲普通话，逐步养成讲普通话的习惯。

第二学段（3 ~ 4年级）

（二）阅读

能用普通话正确、流利、有感情地朗读课文。

诵读优秀诗文，注意在诵读过程中体验情感，背诵优秀诗文50篇（段）。

第三学段（5 ~ 6年级）

（二）阅读

能用普通话正确、流利、有感情地朗读课文。

诵读优秀诗文，注意通过诗文的声调、节奏等体味作品的内容和情感。背诵优秀诗文60篇（段）。

第四学段（7 ~ 9年级）

（二）阅读

能用普通话正确、流利、有感情地朗读课文。

（四）口语交际

注意表情和语气，使说话有感染力和说服力。

教学建议

汉语拼音教学尽可能有趣味性，宜以活动和游戏为主，与学说普通话、识字教学相结合。

评价建议

汉语拼音能力的评价：重在考查学生认读和拼读的能力，以及借助汉语拼音认读汉字、纠正地方音的情况。

朗读、默读的评价：能用普通话正确、流利、有感情地朗读课文，是朗读的总要求。根据阶段目标，各学段可以有所侧重。评价学生的朗读，可从语音、语调和感情等方面进行综合考察，还应注意考察对内容的理解和文体的把握。

由上可知，九年义务教育中的语音教学主要以拼音教学为基础，把汉语拼音作为识字和学习普通话的工具。在此基础上，从和语音相关的朗读和口语交际两个方面提出了要求，提出要正确、流利、有感情、注意语气节奏等。

2. 高中阶段

《高中语文新课程标准》涉及语音方面的要求有：

阅读与鉴赏：能用普通话流畅地朗读，恰当地表达文本的思想感情和自己的阅读感受。

表达与交流：能根据不同的交际场合和交际目的，恰当地进行表达。借助语调、语气和表情、手势，提高口语交际的效果。

3. 大学阶段

大学阶段，非语言相关专业一般很少涉及语音教学内容，《大学语文》公共课一般也以作品阅读鉴赏为主。

有些学校可能会开设《普通话口语艺术》《朗读与演讲》之类的相关课程，课程内容会涉及语音发音基础及表达技巧等，供非语言相关专业的学生选修，也可作为语言相关专业的必修课。

播音主持专业一定会有汉语语音发音及表达方面的专门课程。

汉语言专业一般会有专门的语音学理论基础及汉语语音系统方面的课程。■

国际汉语语音教学与以汉语为母语的语音教学的异同

1. 学习的总目标相同

不管是汉语母语学习者还是把汉语作为外语的学习者，学习汉语语音的最终目标都是形成汉语语音能力，即能够准确感知听辨汉语普通话，能够熟练运用普通话表情达意。所以，不管对于中国初学者还是外国初学者，汉语拼音都是学习普通话和认识汉字的重要工具。

2. 学习者学习起点不同

汉语母语学习者的语音教学主要集中在九年义务教育的起始阶段，以汉语拼音教学为主。学习者在学习之初已经具备了基本的汉语表达能力，除了典型方言区内的方言口音，汉语声韵调的大部分内容对学习者来说并不陌生，因为他们已经积累了丰富的感知经验，并具备基本的发音能力。对母语学习者来说，发音能力不是难点，教学重点在于识记声韵母字形、学会拼读以帮助识字。语调语气也是在已有的感知经验的基础上练习熟练地表达运用。总之，母语学习者在是在具备丰富的汉语语音感知体验和一定的发音能力的基础上学习的。

对以汉语为外语或第二语言的学习者，他们已经具备了一套自己母语或第一语言的发音知识和能力，而对于汉语语音的了解和感知可以说是一片空白，一切都是从零开始。对他们的语音教学关键是要让他们获得汉语语音的感知体验，在此基础上发展汉语语音的发音能力，汉语语音是学说汉语的基础。他们自己的母语或第一语言的语音能力在汉语语音的学习中则可能产生迁移作用，有可能是正迁移，也有可能是负迁移。

3. 教学途径不同

对以汉语为母语者的语音教学特别是拼音字母的教学可以借助相关的形象材料，如教e时常常配一幅鹅的图片，这是利用学习者已有的“鹅”的读音知识帮助记忆字母“e”的发音。对于以汉语为外语的学习者，这一方式显然不合适，因为学习者根本无法理解“鹅”与字母“e”的发音之间的关系，对他们来说，学会鹅这种动物用汉语表达应该是“鹅”就是很难的，所以只能是拼音“é”作为学习“鹅”这一词语的工具，而不是像中国小学生那样的相反的途径。所以，有的教师在教外国人时，把中国小学生学拼音的方法直接拿来运用，甚至直接运用中国小学生常用的拼音挂图，显然是不合适的。

从教学语言上看，对母语者的教学可以自由利用汉语，所以产生了很多关于汉语拼音的顺口溜，如：张大嘴巴ɑ、ɑ、ɑ，圆圆嘴巴o、o、o，扁扁嘴巴e、e、e，1字加点 i、i、i，像个茶杯u、u、u，鱼儿吐泡ü、ü、ü。这样的顺口溜可以形象有趣地帮助中国的小学生记忆拼音字母的发音和字形，但如果用来教外语学习者，则只能增加难度，让学习者更焦虑更困惑。对外语学习者来说，语音教学的教学语言一定要少而精。在刚开始可以只以模仿为主，基本不用多余的教学语言，如果需要用，则一定要精炼且翻译准确。

在最初的拼音教学阶段，从具体过程来看，对母语者的教学主要是已知的发音与字母的对应识记。外语学习者则是重新建立起一套语音系统，在这个过程中，还伴随着对他已有的母语或外语如英语语音系统的对比迁移和纠正，从而达到对汉语拼音系统的熟练认知，毫无疑问，这一过程要比母语者难得多得多。

第五节

成人与儿童汉语语音学习的对比

安娜的丈夫在中国开了一家公司，所以她和八岁的女儿一起随丈夫来到中国，她进了一所语言学校专门学习汉语，女儿在一所国际学校学习。安娜学习很努力，可是半年以后，她发现女儿的汉语比自己进步得快，特别是在发音方面，女儿的发音听起来更像是一个中国人，虽然有时个别音可能不那么准，但整体听起来很流畅很舒服，可安娜自己的发音总是磕磕巴巴别别扭扭的。

为什么会出现这样的情况呢？

成人与儿童外语语音学习特点的不同

语音学习关键是形成语音能力，语音能力是由发音器官协同作用完成的一种动作技能。从生理特点上来讲，儿童的发音器官还没有完全定型，具有很大的弹性和可塑性，因此对语音的模仿能力也比较强，比较容易学会地道的发音，很多人提倡学外语要从小学起就是基于这种考虑。有些年龄太小的儿童，由于其发音器官和对声音的感知能力还不够成熟，对某些音可能很难发出，这种情况下他们往往在发母语的难音时也会有一定的困难，随着其发音器官的发育和听觉器官感知能力的增强，这种情况会得到改善。而成人的发音器官已经基本定型，而且自己母语的语音系统已经得到固化，相对于儿童来说，对外语语音的模仿能力就差一点，更容易受到其母语的干扰，就不那么容易学到地道的外语发音。

对成人与儿童外语语音教学的对比

1. 相同点

教学目标相同。不管是成人还是儿童，都是外语或第二语言学习者，语音教学的目标就是让他们形成汉语语音能力，即能够准确感知听辨汉语普通话，能够熟练运用普通话表情达意，能够用汉语拼音帮助学习普通话和认识汉字。

教学内容相同。要想形成汉语语音能力，都需要学习普通话声韵调、音节及语流层面的各项内容。

2. 不同点

对儿童的语音教学更注重模仿，对成人的语音教学则有可能适当加入理论讲解的成分。语音的学练首先以模仿为主，必要时可加入理论提示，成人因为具备相对成熟的认知能力，因此对理论知识的理解能力要比儿童强，所以比较起来，加入理论讲解的可能性和有效性也更强一些。儿童因为认知能力受限，所以只能以大量模仿为主，如果需要一些理论引导，这些引导也必须生动形象，比如借助图画、手势、辅助物等让学生可感可知。

面向儿童的语音教学必须生动有趣，面向成人的语音教学则有可能单一集中进行。因为成人具有较强的自制力、较持久的注意力及较强的学习动机，他们就有可能接受相对单一集中的语音训练。儿童注意力持续时间短暂、自制力也差，所以对儿童的语音教学除了内容之外，必须从形式上多下工夫，多设计一些有趣的活泼的适合儿童特点的练习与活动，这样才能激发他们参与学习和练习的积极性，达到提高语音教学效果的目的。

值得指出的是，模仿和理论讲解、生动有趣和集中单一并不是机械地对应于儿童和成人的语音教学的，相反，在对成人的语音教学中，模仿和生动有趣同样很重要，其不同只在于一个度的问题，即理论提示到什么程度，生动有趣到什么程度，集中单一到多长时间，这都需要教师根据具体的教学情况去具体决定。比如，在纠正翘舌音的偏误时，对某些成人，可能只需要说“卷起舌头”这一提示就行了，而某些成人可能还需要加上手势演练或张大嘴巴让其观察口形，对儿童则必须加上手势演练和口形观察，因为儿童需要形象直观的感知。再比如，听辨音节的练习，对成人可以在纸上或黑板上写下很多组对比音节，采用静态选择题的形式让他们边听边选择，这样的单一练习对成人使用时也许可以持续10分钟甚至更长，但对儿童则只能使用三五分钟。如果要生动有趣一些，可以给每个学生发一张卡片，让听到其手中音节的学生举出卡片。这一形式成人和儿童都适用。对于儿童学习者，还可以在每个人身上贴一个拼音标签，让听到其标签上音节的学生站起来或跳一下，这比较符合儿童活泼好动的特点，而对一些成年人来说，则可能会排斥这类活动，他们可能会认为还不如直接做静态的选择题来得有效且节省时间。

第六节

《汉语拼音方案》的教学问题

汉语很多拼音是以“y、w”开头的，一些留学生遇到这类音节时有些迷惑：y、w是声母吗？它们有自己特定的发音吗？在每个音节中它们的发音一样吗？

怎样给学生解释这些迷惑呢？

《汉语拼音方案》在汉语语音教学中的作用

《汉语拼音方案》规定了汉语的音位系统及一些音节规则，它是中国人给汉字注音和学习普通话的工具。在当前的国际汉语语音教学中，《汉语拼音方案》是拼音阶段主要的教学参考。外国人学习汉语首先遇到的是语音问题，国际汉语教材都会用拼音给生词或课文注音。学生如果学会了汉语拼音的声韵调以及一些音节规则，就能依靠拼音独立地预习、复习或学习生词、查字典、读课文，这样就能加快学习进度，提高学习水平，同时也会成为他们自学汉语的有效工具。■

利用《汉语拼音方案》进行语音教学要注意哪些问题？

1. 拉丁字母的发音

拉丁化是《汉语拼音方案》的重要特点，《汉语拼音方案》采用了常用的26个拉丁字母，这是为了便于国际间的文化交流。对于熟悉拉丁字母的学习者来说，看到汉语拼音在视觉上会有一种熟悉和亲切感。但是汉语中的拉丁字母有独特的发音，这些学习者可能因其母语的影响在拼音字母的发音方面产生负迁移即受到母语影响而发错音，这一点在教学中要特别注意。一般在开始进行汉语语音教学时，就要提醒学生汉语拼音字母的发音和英语或者其母语是不一样的，并在之后的学练中不断提醒强化。

2. 单韵母

《汉语拼音方案》韵母表中只列了ɑ、o、e、i、u、ü六个单韵母，对单韵母-i [ɿ]、-i [ʅ]、er、ê做了特别说明，这四个韵母在国际汉语教学中的处理也不尽相同，有的全教，有的不全教。教师可以采取这样的做法：(1)-i [ɿ]、-i [ʅ] 不单独教，和zi、ci、si、zhi、chi、shi、ri一起作为整体认读音节让学生学习，不必特别点出其中的韵母是什么，只在学生有疑问或者当成"i"产生偏误时给予说明。(2) ê在普通话中只出现在"欸"这个字的读音中，而且也不太常用，所以可以不教ê这个韵母。(3) er在普通话中有"二"、"耳"等常用音节，所以有必要单独教学。

3. 复韵母的省写

《汉语拼音方案》规定iou、uei、uen三个复韵母在前面加声母的时候，省写成iu、ui、un，这样是为了避免音节过长。这几个韵母在国际汉语教学中的处理也不尽相同。有的直接教省写形式，这样做的好处是在和声母拼读时易认易读，不会拼错；不足之处是，学生在一开始接触省写形式的发音时因看不出其发音变化过程而容易发错，而且在这几个韵母构成的零声母音节you、wei、wen的认读方面可能读错。另一种方式是既教完整形式，又教省写规则，这样做的好处是学生易于掌握这几个韵母的发音及其零声母音节的认读，不足之处是增加规则可能增加学生的负担。两者皆有利弊，不同的教师和教材会有不同的选择。

4. 拼音符号简化或变化

为了拼写简洁，有些拼音符号简化或变化了，这可能影响学生对实际发音的掌握，教学中应特别注意。比如，bo、po、mo、fo实际发音时中间有过渡音u，教学中可提醒学生；ie和üe中的"e"实际上是ê，发音为 [ɛ]；ü在j、q、x后去掉了上面的两点，要提醒学生不要把其中的ü读作u；ɑo的实际发音是 [ɑu]，不写成ɑu而写成ɑo是为了便于和ɑn区分，ong的实际发音是 [uŋ]、iong的实际发音是 [yŋ]，如果按实际发音写成ung和üng，两者很容易混淆，所以写成了ong和iong。如果学生对这些情况有疑惑，教师可以解释说明。

5. y、w的使用

《汉语拼音方案》规定了y、w在零声母音节中的使用情况。中国的小学一般把y、w当成两个单独的声母教学，国际汉语教学中有的教师或教材可能也会采用这种办法，但目前看来比较少，因为这种方式容易给学生造成y发［j］音、w发［w］音进而再和其后的韵母相拼的误解，这样学生读这类音节的时候常常读错，因为事实上y代表的是单韵母i或ü的发音，如you和yuan，w代表的是单韵母u的发音，如wen，或者y、w只是起隔音作用不发音，如yi、yu和wu。我们建议把零声母音节作为一个特殊的类别单独讲解，在隔音规则部分介绍总结y、w的使用，让学生明白这些音节的结构。

思考

1. 汉语在语音方面有哪些突出的特点？
2. 汉语语音教学应该包括哪些内容？
3. 从语音能力的动作技能性质看，可以把语音教学的目标分为哪些层级？
4. 国际汉语语音教学与母语语音教学有何异同？
5. 对成人和儿童的语音教学要注意哪些问题？请举例说明。
6. 利用《汉语拼音方案》进行语音教学要注意哪些问题？

测验

一、判断

1. 完成了汉语拼音教学就是完成了汉语语音教学。（ ）
2. 汉语语音教学的最终目标是让学习者形成汉语语音能力。（ ）
3. 为了生动形象地教语音，在对外国儿童教学韵母“i”时可以用衣服的图片帮助他们识记。（ ）
4. 拼音“jù”和“nù”中“u”的发音是一样的。（ ）

二、选择

1. 下列（　　）不是汉语语音的特点。

A 有声调　　B 元音占优势　　C 有辅音韵母　　D 没有复辅音

2. 下列（　　）和音节“mì”中的韵母一样。

A zì　　B jì　　C rì　　D shì

3. 下列（　　）中的“y”不发音。

A yá　　B yǒu　　C yè　　D yuán

三、案例分析

刘波是一名新手教师，他刚接手了一个零起点班，班里都是成人，他和学生有一个共识：标准的语音很重要。所以，最初的课小刘安排以语音教学为主，而且他觉得一定要改变中国传统的机械单调的课堂教学方式，要互动活泼有趣。他做了大量的声母、韵母、音节等的卡片，每次课都认真设计了很多游戏活动，每节课都特别强调让学生动起来，他觉得自己的投入和努力一定会换来学生的认可。没想到，四次这样的课以后，学生却提出了异议：没必要每次课都一直在做活动，这样学习效率有点儿低。

请你分析一下出现这种情况的原因。你可以给刘波一些什么样的改进建议？

第八章

语音教学的原则与方法

导读

本章您将了解到以下内容：

- 语音教学应该遵循哪些原则？
- 语音教学有什么样的方法与技巧？
- 语音教学应该包括哪些环节？

第一节

语音教学的原则

陈曦是一名在美国任教的志愿者教师，她的英语非常好，在教声母、韵母时，她的处理是先用英语介绍这些音素的发音部位和发音方法，然后再让学生跟着她练习。

她的这种做法合适吗？为什么？

学界对语音教学原则的研究评介

教学原则是语音教学研究中备受关注的一个方面，不同的学者都曾提出过一些语音教学的原则。程美珍等（1986）指出语音教学除了要贯彻教育学里一般的教学原则之外，还应该注意体现国际汉语语音教学的原则，如以自觉模仿为主，以必要的语音理论知识指点为辅；从易入手，由易到难；以旧带新，以新带旧；突出难点，反复操练；音形结合，加深印象；加强直观教学，提高效率。史有为（1989）提出了语音教学的功能性、针对性和适度目标三原则。赵贤州（1996）是在“语音教学的主要原则与方法”的标题下提出的，分为要善于了解学习对象的情况、要认真研究语音教学中的主要障碍、实践性原则（其中包括以技能训练为主语音理论知识讲解为辅、通过语流学习语音、在自觉模仿的实践中学习语音)、先易后难原则四个方面。程棠(2000)则把教学原则和教学方法放在一起讨论，指出音素教学和语流教学是两种教学原则，同时也可以把它们看成两种教学方法。刘珣(2002)提出的教学原则是：短期集中教学与长期严格要求相结合；音素教学与语流教学相结合；通过语音对比突出重点和难点；声韵调结合教学，循序渐进；听说结合，先听后说；以模仿和练习为主，语音知识讲解为辅；机械性练习与有意义的练习相结合。叶军(2003)认为，语音教学的基本原则是：以难点为核心；循序渐进，逐步提高，贯穿始终；结合交际学习语音。周小兵等(2004)则提出目标明确、汉外对比、循序渐进、大量的操练实践四个原则。赵金铭(2004)提出音素教学与语流教学相结合、针对不同学习者的特点进行教学、不同的教学阶段与不同的教学目标相互适应的原则。顾筝等(2005)提出了入门阶段语音教学的原则：系统性、针对性、模仿性、基础性。毛世桢(2008)提出了五个原则：培养完整语音能力的原则，音素教学和语流教学相结合的原则，技能训练为主、理论讲解为辅的原则，与其他语言要素、言语能力、言语交际能力的教学相协调的原则，权变原则(包括适应特定的教学目标、适应特定的教学条件和因材施教原则)。

可以看出，以往各家对语音教学原则提出的项目不一、内涵不一，造成这一现象的原因是制订原则时缺乏统一的依据，从根本上说是与对教学原则内涵的认识有关。■

什么是语音教学原则?

赵贤州(1996)对教学原则的内涵有过详细的论述。他指出，教学原则是从客观上指导整个教学过程和全部教学活动的总的原则，它必须在综合考虑语言规律、语言学习规律和语言教学规律的基础上加以制订。

关于“方法”和“原则”，陆俭明(2003)指出：“方法是可用可不用的，而原则是必须遵循的。”这可以把“原则”与“方法”区分开来。比如，“汉外对比”，在教学中，并不需要对每一个语音项目首先进行汉外对比，只有在必要的时候可以进行对比，以提醒学生注意。所以说，这是一种方法，而不能成为一种原则。

刘珣(2002)指出：科学的教学原则反映人们对语言教学客观规律全面、正确的认识，是教学活动必须遵循的基本要求。根据这一认识，语音教学原则就应该是符合语音教学活动的特点和规律的、进行语音教学必须遵循的基本要求。这些基本要求应该与语音本身的特点及其在语言交际活动中的地位和作用相适应。所谓必须遵循，就是说如果不遵循这些原则，就会影响语音教学的效率和效果。

语音教学的原则有哪些?

按照上面对语音教学原则的界定，语音教学活动必须遵循的原则有：

1. 针对性原则

针对性原则主要是指确定语音教学的目标、内容、方法等都要有针对性。要针对不同的教学阶段确定相应的教学内容和适度的教学目标，如对于零起点的学生主要的教学内容应是声韵调和音节，教学目标应该为能正确感知和模仿普通话语音表达的相关方面。针对性还包括针对不同的教学内容使用不同的教学方法，针对不同的教学对象确定相应的教学目标，针对不同国籍的学生通过汉外对比确定教学的重点和难点，其中包含了汉外对比和突出重难点，等等。

2. 功能交际性原则

语言的重要功能就是交际，语音是语言的交际功能得以实现的重要手段，不管是语音的教授还是练习，在机械讲解和练习的基础上都必须最终回到有意义的交际性的练习和运用。功能交际性原则实际上包含了机械性练习和有意义的练习相结合的原则，语音教学或练习在必要的机械性训练的基础上，要尽量与生活中的词、句相结合，避免枯燥。

3. 听辨领先先听后说原则

这跟语音在人类言语活动中的地位有关。桂诗春（1991）指出，语言理解包括听辨阶段、意义建立阶段和使用阶段。很明显，听辨阶段主要是对声音的听辨，也就是说，要想理解一种语言，必须能对这种语言中语音的声学特征很好地认识和把握，这正是一种语言语音系统的重要组成部分。外语或第二语言学习者在学习汉语的语音之前，对自己母语语音的音位范畴知觉已非常敏感，发音器官已经形成了一定的活动定势，而他们要学的汉语的音位范畴跟自己的母语的音位范畴不一定相同，再加上第二语言学习者听辨目的语语音的机会和经验有限，必然缺少对目的语音位知觉的敏感性（王魁京，1997）。因此，在外语或第二语言语音学习之初给学生提供强烈的语音刺激就很必要，这可以让学生充分感知第二语言音位系统的特征，并通过反复的刺激促使他们把这些特征储存在自己的知觉系统中，从而尽力扭转学习者发音、辨音方面的定势，以利于形成第二语言语音范畴知觉的敏感性，进而尽快形成较强的第二语言语音的感知、听辨和发音能力。王若江（2005）在《汉语正音教程》中也建议辨音能力训练领先，指出用耳朵分辨正误是正确发音的前提，先不急于让学生说，而是让学生听，如果不能分辨不同的音、不能分辨正确的和错误的语音，就不可能发出正确的音，这也充分说明了听辨的重要性。

4. **模仿为主理论指导为辅原则**

这和语音本身的特点有关。林焘（2005）指出，语音学习和词汇、语法不同，主要不是靠分析和记忆，而是靠听辨和模仿。首先耳朵要能听辨，然后发音器官要会模仿，最后，在不断模仿的过程中养成新的发音习惯。对于学生经过多次模仿仍然不会发的难音以及某些习惯性的语音错误，可以给予必要的理论指导。因此，在引导学生掌握汉语语音的过程中，要从听音辨音入手，在听辨的基础上进行模仿，必要的时候讲解一些发音部位发音方法、总结归纳一些读音规则等，以理论知识帮助学生尽快掌握汉语语音。

5. **短期集中与长期要求相结合原则**

学习一种语言一般都要从学习语音开始，这是由语音在语言系统中的地位和作用决定的。很多汉语教材都设有专门的语音教学阶段，在国际汉语教学之初设立独立的语音阶段非常必要。但是语音的掌握和熟巧不是一朝一夕的事，很多学生到了中级甚至是高级阶段仍然会有很大的语音问题，因此，语音的学练必须长期坚持，常抓不懈。另外，学生在开始学习的过程中特别容易产生回生现象，如果不进行长期要求，很可能会使初期的教授和学习流于形式，难以达到应有的成效。从目前国际汉语教学的具体实践来看，教材中对语音长期性的要求体现不够，中高级阶段语音教学比较薄弱，所以长期坚持对教师来说也很重要，只有教师首先意识到长期坚持的重要性，才有可能在教学中积极安排实施，让学生常学常练，最终达到准确、流利的水平。

第二节

语音教学的方法与技巧

李雪是一名有五年国际汉语教学经验的教师。在语音教学中，她有很多特别的处理。比如，学生发四声比较难，她就让学生先发一声然后迅速往下降发出四声；学zh、ch、sh、r时，她就把手掌卷起来提醒学生卷起舌头；发r时还让学生把手放在声带上感受声带的振动，等等。

李老师的这些处理合适吗？她分别用了什么样的教学方法？

方法与技巧

《现代汉语词典》对“方法”的解释是“关于解决思想、说话、行动等问题的门路、程序等”，“技巧”的解释为“表现在艺术、工艺、体育等方面的巧妙的技能”。如果要严格区分，“方法”一般更具有理论性质，是某种理论支撑下的方法，“技巧”则是具体操作中的“巧妙的技能”。我们这里不做这么细致的区分，把方法和技巧放在一起讨论，指的是语音教学中能解决特别的教学难题、达到理想教学效果的方式途径等。■

常见的声韵调教学方法

1. 示范法

在学一个新的语音项目之前，一般要先对学生进行示范，让学生初步感知学习内容。示范包括发音示范和口形示范。发音示范可以是教师发音，也可以是播放录音。口形示范可以是教师示范，也可以借助图片示范，现在一些专门的语音教学课件或软件也可以起到示范的作用。

2. 模仿法

模仿为主是语音教学应该遵循的基本原则，模仿法是语音教学的重要方法，示范之后就需要学生模仿。一般是让学生直接跟着教师或录音模仿发音，必要时教师可以给一些方法规则等的点拨，然后再让学生模仿。

示范和模仿是语音教学的基本方法。在示范和模仿之后，一般会有两种结果：一是学生能够准确地发音，这是最理想的结果，该语音项目的教学任务就初步完成了；另一种就是学生无法准确发音，这时就需要用到以下的方法技巧去帮助学生进一步模仿练习。

3. 图示法

给学生一些形象的图示，帮助学生体会理解语音的特点。比如，教声调时可以展示五度标记法示意图，让学生直观感受每种声调的音高变化。

4. 带音法

利用学生已经学会的语音项目帮助练习新的目标项目。比如，第一声一般学生都能找准，第四声有时降不下去，这时就可以让学生先发第一声，然后接着往下降就发出了第四声；发ü有困难的学生，可以先发i，然后保持舌位不变，嘴唇拢圆就是ü；学会发sh后，保持发音部位不变，振动声带就能发出r。

5. 观察法

主要是观察口形。学生先观察教师的口形然后自己模仿，也可以让学生之间互相观察指出对错，或者让学生准备一个小镜子，自己观察自己的口形。

6. 对比法

通过对比让学生掌握不同的发音特点，如i的展唇和ü的圆唇的对比，o的圆唇和e的展唇的对比，前鼻音韵母和后鼻音韵母的口形对比，b和p送气与否的对比。当然，必要时也可以把汉语语音和学生母语或学生已经掌握的某种外语的语音进行对比。

7. 手势法

用手势演示发音特点让学生领会。比如，教声调时用手势演示每个声调的高低走向；手掌伸直和卷曲演示平舌和翘舌；两手相对，通过不同点的接触演示不同的发音部位，如用一只手的指尖代表舌尖，另一只手代表上齿龈，两者轻轻接触可以演示舌尖中音的发音部位。

8. 夸张法

适当夸张语音的发音特点，给学生造成强烈的感知刺激，帮助学生正确发音。比如，发ü困难的学生可以适当夸张地撅起嘴唇强调圆唇并拖长发音；对发送气声母有困难的学生可以适当夸张加大送气力度，体会送气特点，如发送气音吹纸、吹蜡烛等；对发擦音声母有困难的学生可以适当夸张拖长发音让学生感受其中的摩擦特点。

9. 体验法

引导学生通过体验自己发音器官的感受强化对发音特点的把握。比如，发浊音m、n、l、r时把手放在声带上感受声带的振动；发鼻音m、n时把手放在鼻角感受鼻角的轻微振动。

10. 外语引导法

借助学生已有的外语发音经验练习汉语发音。比如，几乎所有的学生都会发英语降调的yes，可让学生先发降调的yes，然后马上模仿其中［je↘］调势发出第四声à；先让学生发英语的升调what，然后模仿其中［wɔ↗］调势马上发出第二声á；用英语s［es］的发音引导发出汉语的声母［s］。

11. 辅助法

借助外物的辅助让学生体会发音特点。比如，借助手或薄纸放在嘴前让学生体验送气；发x和s有困难时，可用食指或牙签辅助矫正，把食指或牙签放入口中约1厘米并咬住，发x时舌头被压在下面，发s时舌头也被压在下面，但能明显感觉到舌头前部会往上顶。

12. 拼读法

拼读法主要用于学习复韵母。比如，iao可以用i和ao相拼，iang可以用i和ang相拼，ua可以用u和a相拼，uan可以用u和an相拼。

另外，有条件时还可以利用多媒体课件或软件用动画的形式演示发音过程和口形特点，用语音分析软件对学生的发音进行分析处理，并和标准音进行对比，让学生了解自己的偏误，掌握准确的发音。

常见的音节教学方法

1. 示范法

示范拼读过程或直呼音节读音，让学生模仿。

2. 模仿法

教师示范朗读或播放录音，学生模仿。

3. 图表法

把目标韵母和声母分别写成两列（横排或竖排都可以），让学生体会声韵搭配情况并练习拼读。

4. 对比法

音节的对比包含声韵调的练习，要对比的音节可以是只有声调不同，如bǔ—bù；也可以是只有声母不同，如bù—pù；还可以是只有韵母不同，如bò—bù。我们可以把这样的成对音节称为“最小对比对”。在专门的语音练习阶段，这样的最小对比对是最理想的练习材料，可以明确指向练习目标，针对性比较强，当然，这类练习也最难。比较起来，像yīn—yún这样有两方面区别的音节练习起来就稍微容易一些。jīn—dà的对比练习更容易，因为它们几乎没有什么特别的相似性，但由于此类对比练习的意义不大，所以在教学中一般不用。对比法的一个原则就是语音要有相似性，相似性越大，相异性就越小，对比区别的难度就越大。

常见的音节连读及音变的教学方法

1. 示范法（详见本书第141页）

2. 模仿法（详见本书第141页）

3. 模式法

主要是针对声调连读采用的教学方法。普通话的词多以双音节为主，很多学生在读单个的音节时声调准确，可是一读词或句子就不行了，这主要是因为对词语的声调感知不够强烈。模式法可以帮助学生练习建立词语的声调范畴，就像歌谱一样起到定调的作用，每次遇到类似的声调模式，可以模仿发音。双音节词的声调模式把握好了，再扩展到句子，那么整个句子的声调也比较容易读好。普通话的四个声调加上轻声，双音节的声调搭配一共有20种模式。其中“三声+三声”模式中，第一个三声要变成二声，和“二声+三声”模式相同，“三声+轻声”发生变调后是“半三声+轻声”。① 20种模式合并以后，共有19种，详见下表中的阴影部分：

普通话双音节词连调模式

后字 前字	一声	二声	三声	四声	轻声
一声	一一	一二	一三	一四	一声+轻声
二声	二一	二二	二三	二四	二声+轻声
三声（变调）	三一 （半三声+一声）	三二 （半三声+二声）	三三 （二三）	三四 （半三声+四声）	三声+轻声 （半三声+轻声）
四声	四一	四二	四三	四四	四声+轻声

在教学中可以“ɑ”为例，通过唱读练习音节的连调模式，以此加强对声调的感知。如：

① 具体变调规律参看本书第五章第一节的“三声变调”。

前字 \ 后字	一声	二声	三声	四声	轻声
一声	āā	āá	āǎ	āà	āa
二声	áā	áá	áǎ	áà	áa
三声（变调）	ǎ(21)ā	ǎ(21)á	áǎ	ǎ(21)à	ǎ(21)a
四声	àā	àá	àǎ	àà	àa

4. 分解法

在朗读三音节、四音节或更多音节的短语时，可以先分解成单音节加双音节的模式或双音节加双音节的模式，即先分别练习单音节和双音节词语，然后再合在一起朗读。

一般的三音节格式都可以分解为1+2或2+1的模式。如：

1+2　刘医生：刘+医生　女朋友：女+朋友　非专业：非+专业

2+1　售货员：售货+员　电影院：电影+院　咖啡馆：咖啡+馆

一些不能分解为1+2或2+1模式的，可按1+1+1的模式分解练习，然后再合在一起。如：

1+1+1　加拿大　俄罗斯　尼泊尔　高富帅

从韵律上看，固定的四音节词一般都可以分解为2+2模式。如：

2+2　空前绝后　一衣带水　胸有成竹　水滴石穿

非固定的多音节短语则可以按句法结构以词为单位进行分解练习，这也可以为以后读句子时正确停延打下基础。如：

去图书馆［1+（2+1）］　明天下雨［2+2］　笔记本电脑［（2+1）+2］

5. 表格法

用表格展示连读变调规律，帮助学生理解。理解以后，最重要的方法还是多听多模仿，在正确感知的基础上形成语感，最终能自觉地准确朗读。

6. 对比法

轻声和儿化具有区分词性或词义的功能，教师可以设计成对的练习，通过对比让学生理解掌握。如：

词语对比：画—画儿　地道—地·道

句子对比：

（1）明天不能迟到，你要早点儿起来吃早点。

（2）针眼儿太小，我眼看不见。

常见的语调语气的教学方法

1. **示范法**

可以教师示范，也可以播放录音示范，有条件的话也可以采用视频示范的形式，选取合适的电影、网络视频等片段，示范并讲解典型常用的语调和语气，加深学生的体会。

2. **模仿法**（详见本书第141页）

3. **对比法**

同样的句子采用不同的重音、停延或句调，所表达的意义就有所不同，可以据此进行对比练习。如：

（1）这个问题 ' 孩子们都会。（“孩子们”重读，“都”不重读，意思是“这个问题很容易”。）

（2）这个问题孩子们 ' 都会。（“都”重读，表示所有的孩子都会这个问题。）

4. **符号法**

用特定的符号对练习材料进行标注，提醒学生注意重音、停延、语调等，帮助学生正确朗读以形成语感。当然，符号标注只能作为练习过程中的一种辅助手段。常用的标注方式包括：用 ' 标示重音，用/标示停延，用↗标示升调，用↘标示降调，用→标示平调。必要时可把每个汉字的声调也标上调号，即ˉ ˊ ˇ ˋ，半三声用↓标示。下面是符号标注的例子[①]：

韩朝伟：马克/很 ' 幽默↘，对吗↗？

姜智贤：我的同学/ ' 都很幽默↘。马克说/ ' 酒是他的 ' 爱人→，他要/和酒 ' 结婚→；马兰说/她要/去中国 ' 三十个城市/旅行→。

韩朝伟：为什么/是'三十个城市↘？

姜智贤：她在中国/'学习的时间/是'三十个星期↘。

5. **表演法**

设置不同的情境让学生表演，强调注意语调语气的运用。比如，按照要求表演打开门看到下雨了的情景，用指定的语调语气说同一句话“啊，下雨了”。情境要求如下：

① 对话例子选自《很好——初级汉语口语1》第3课，刘颂浩、马秀丽、宋海燕、詹成峰编著，北京语言大学出版社，2007年。

（1）特别盼望下雨，喜欢下雨。

（2）不喜欢下雨，没想到下雨了。

也可以设置说话人和听话人之间的距离，比如，妈妈叫儿子吃饭时说的话“儿子，吃饭了”，要求按下面三种距离表演：

（1）妈妈在厨房，儿子在厨房门外的餐桌旁，很近。

（2）妈妈在厨房，儿子在稍远的客厅看电视。

（3）妈妈在厨房，儿子在厨房外面的草地上玩儿，比较远。

还可以设置说话人和听话人之间的关系，给出一个具体的功能项目，让学生表演。比如，根据邀请看演出这一交际活动，要求学生按下列情境表演：

（1）关系亲密的朋友。

（2）刚确定恋爱关系的男女朋友，男朋友邀请女朋友。

（3）下级邀请上级。

一般口语教材典型场景中的对话都可以作为表演材料，让学生练习语调语气的运用。

6. 配音法

挑选有代表性的视频片段，让学生模仿配音，练习语调语气的运用。可以根据学生兴趣爱好找一些流行的有趣的动画片，如《猫和老鼠》《熊出没》等，也可以选择学生感兴趣的电影、电视剧等。

第三节

语音教学的基本环节

> 小刘老师在教声母、韵母时，一般都是先把要教的声母或韵母写在黑板上，然后领着学生一起读，学生跟读五六遍之后，让学生齐读一遍就结束，然后转换进入其他内容的教学。
>
> 这样的语音教学安排合适吗？为什么？

语音教学应该包含哪些基本环节?

1. 导入与展示

在任何一项教学活动之初，教师都应该先把要教的目标内容展示出来，语音教学也不例外。不同的教学内容可以选择不同的导入展示方式，具体到语音教学，常见的方式有：

（1）板书：直接在黑板上写出目标内容。

（2）卡片：用拼音卡片展示目标内容。

（3）以旧带新：在复习已经学过语音的基础上导入有相关性的新内容，比如在复习单韵母的基础上学习复元音韵母，在复习声调的基础上练习双音节连调模式。

（4）多媒体：借助语音课件或软件展示目标语音内容。

（5）图表：在讲练四呼、声韵拼合及连读变调等时可用图表展示。

2. 示范与练习

展示内容以后，教师要向学生示范标准发音，可以是教师亲自发音示范，也可以播放录音或借助多媒体软件示范。

在示范的基础上，让学生进行大量的练习。语音教学的最终目标是让学生掌握正确发音，形成语音能力，因此语音练习要以发音练习为主。练习可采用学生齐读、轮读、指定学生读、抢读等形式，也可根据需要设计一些趣味性较强的互动活动。

3. 检查与纠正

语音练习的目的是让学生学会发音，学生学会与否通过检查才能知道。在大量的反复练习之后，教师可通过提问或测验了解学生的学习成果，及时发现并纠正问题。发音能力包括听辨能力和发音能力，对学生的检查也应该包括这两个方面。

简单的听辨检查方式是教师发音或播放录音让学生听辨。下面是一些常见的听辨练习形式：

1. 选出听到的音：zhū chū。	录音文本：chū
2. 跟读听到的音。	录音文本：bú shì
3. 判断听到的音和看到的是否一致：hēi。	录音文本：fēi

4. 按听到的顺序标上序号。

（ ）xián（ ）xiáng（ ）jiàn（ ）jiàng　　录音文本：xiáng jiàng xián jiàn

5. 听音填写声母：____ū。　　录音文本：chū

6. 听音填写韵母：zh____。　　录音文本：zhū

7. 听音填写声调：qiong。　　录音文本：qióng

8. 写出听到的音。________。　　录音文本：jiù

发音能力的检查方式是教师给出目标音让学生发音，目标音可以直接板书出来，可以用图表或卡片展示出来，也可以借助多媒体展示出来。上面的听辨练习形式也可以延伸作为发音练习，在检查听辨答案的基础上让学生发出相应的音。

大部分相对机械的传统练习形式都可以改造成互动活动，比如：

音节对对碰

活动准备

1. 准备两个敞口的盒子，放卡片用。
2. 制作一套单韵母卡片：a、o、e、i、u、ü、er，放入盒子1中。
3. 制作一套声调卡片：ˉ ˊ ˇ ˋ，放入盒子2中。

活动步骤

1. 教师把装有韵母卡片的盒子1和装有声调卡片的盒子2放到讲台的两端。
2. 全班学生分成两组，人数为单数时可以请一个学生参加两次或者教师参加其中。
3. 两组学生排成两队，分别站在讲台的韵母盒子和声调盒子前。
4. 每组的第一个学生从面前的盒子里拿出一张卡片。一人拿到的是韵母，一人拿到的是声调。两个学生向大家展示卡片，并读出卡片上的韵母和声调拼出的音节。比如，一人拿e，一人拿ˋ，两人要读è。也可以让两人一一发音、齐读或全班跟读做适当复习。
5. 读完之后把卡片分别放回原来的盒子，注意不要放错了，这两个学生走到队伍的最后或者回到座位。

6. 每组第二位学生按上述程序拿卡片拼音节，继续这个活动，直到每组所有学生参与一遍，活动结束。

不管是机械练习还是互动活动，都是为了检查学生的辨音能力和发音能力，练习的目的是为了发现学生的错误和不足并加以纠正。所以，教师一定要注意对学生的完成情况进行及时的反馈和纠正，这样才能真正达到练习的目的。

4. 复习与巩固

每个语音项目结束时，教师应及时复习巩固该项目的听辨与发音，每节课结束时也应及时复习总结该节课所学的全部内容，每一类语音教学内容结束时也应归纳复习相关内容。只有循环不断地反复练习，才能达到最终使学生熟练掌握汉语语音的目的。

思考

1. 语音教学应该遵循哪些基本原则？
2. 举例介绍一些常见的声韵调教学的方法技巧。
3. 举例介绍一些音节教学的方法技巧。
4. 举例介绍一些语流音变教学的方法技巧。
5. 举例介绍一些语调语气教学的方法技巧。
6. 语音教学应该包括哪些基本环节？

测验

一、判断

1. 语音教学原则是关于语音教学的一些基本要求，可以遵循，也可以不遵循。（　）
2. 语音教学应该以模仿为主，不主张直接讲发音理论。（　）
3. 语音教学一般是零起点或初级阶段的教学任务，中高级阶段不必考虑。（　）
4. 示范和模仿是语音教学的基本方法。（　）

5. 语音练习的目的是为了检查培养学生的听辨能力和发音能力。 （ ）

二、问答

1. 什么是双音节词连调教学的模式法？模式法教学有什么作用？
2. 有一个哥伦比亚的学生，她分不清汉语的j、q、z、c、zh、ch。你可以应用哪些教学方法帮她学习这几组音？

第九章

语音教学的整体设计

导 读

本章主要探讨这些问题：语音教学可以分为哪些阶段？各阶段有什么样的教学重点和目标？如何处理语音教学与其他语言要素和各种语言技能教学的关系？

第一节

分阶段教学重点

张老师、王老师和李老师都是从事国际汉语教学的教师，在语音教学方面，他们三位各有各的做法。张老师先教学生练习单个的声母、韵母和声调，然后再教常用的词语，进而过渡到句子。王老师先教一些常用的词，从这些词中分解出声母、韵母和声调让学生学练，然后在这些词的基础上过渡到句子。李老师则从常用句的教学入手，先让学生模仿表达，对学生发音有困难的词句再进行有针对性的训练。

这几位老师的教学安排分别体现了什么样的教学思想？每种安排各有什么特点？

汉语语音教学可以分为哪些阶段？

语音教学是一个长期的过程，同时又有明显的阶段性特征，这种阶段性主要体现在语音教学内容的安排上。这里所说的教学安排包括两个方面，一是不同的语音项目要在不同的阶段学习，这以不同的语音项目在普通话语音系统和交际表达中的地位和作用为依据。具体来说，声母、韵母、声调、音节拼读和拼写规则是普通话语音系统的基础，与汉语音节密切相关，是汉语语音中应该首先教授和学习的部分，应该安排在最初的起步阶段。音节连读可以安排在掌握基本音节之后。连读音变与音节连读密切相关，这时三声变调、“一”“不”变调、“啊”的音变等是学习的主要内容。汉语的轻声、儿化有区别词性和词义的作用，从这一点来看，它们和词汇的关系更加密切。徐越（2005）从国际汉语教学中儿化教学的现状入手，在前人研究的基础上提出了在国际汉语教学中将儿化与特定的词语相结合的词汇教学观点。参照此观点，轻声和儿化的教学都可以和特定词语的教学结合起来。这样既可以避免单纯语音练习的枯燥，也可以解决学生对某个具体词语轻声、儿化与否的困惑。在重音教学中，词重音的教学也可以和词语教学结合起来。因此，轻声、儿化、词重音可以安排在各个具体的词语学习阶段。停延、句重音、句调、语气等一般与句子甚至是语段、语篇的朗读相关，所以可以和具体的句子、会话、短文教学结合起来。总的来说，根据汉语音节→词语→句子之间的层级关系，我们可以把汉语语音的各项内容安排出一个渐进的层级顺序，即声母、韵母、声调、音节拼读→音节连读、连读音变→轻声、儿化、词重音→停延、句重音、句调、语气。当然，这并不是说这些语音项目之间是完全独立地割裂开的，这在教学中也不现实。根据具体教学内容的需要，它们可以同时出现，但在某一个特定的时期，教师应侧重教授和练习某项内容，其他内容或作为复习巩固的内容，或作为提前感知的内容，不要求学生完全掌握。比如，对于零起点的学生来说，语音教学应该以掌握声母、韵母、声调和声韵拼合为主，轻声、儿化、停延等可以先让学生感知模仿，但不要求掌握。阶段性的另一个方面就是同一语音项目的不同层次的内容要安排在不同的阶段。拿儿化来说，教学的初级阶段只是给出一些常用的儿化词让学生初步感知，中级阶段可以总结并介绍儿化在区别词性和词义方面的作用，高级阶段可以介绍儿化词所包含的感情色彩。

从这样的认识出发，语音教学可以分为四个阶段：入门阶段、初级阶段、中级阶段和高级阶段。入门阶段是专门的、独立的语音阶段，这一阶段主要的教学任务就是解决汉语基本的发音问题。不同教学项目的教学总时数不同，语音教学入门阶段持续的时间也不尽相同，一般可在一周到一个月之间。

语音教学各阶段的主要侧重点是什么?

根据语音教学的针对性原则，不同的教学阶段有不同的教学重点和教学目标，分述如下：

1. 入门阶段

- 教学重点：声母、韵母、声调、音节拼读及相关拼写规则，要求学生熟练掌握。
- 带领学生进行大量的音节连读练习，特别是双音节词的练习，要求学生能够正确感知并模仿各种连调模式。

2. 初级阶段

- 对声母、韵母、声调、音节拼读及相关拼写规则的掌握应达到自动化程度。这不是本阶段的教学重点，但是学生有问题时应该及时提醒、纠正和巩固。
- 教学重点之一：掌握双音节词的连调模式，要求学生能够独立地正确朗读双音节词的声调。连调模式教学可以和生词教学结合起来进行。
- 教学重点之二：要求学生遇到发生连读音变的词语时能够正确模仿，必要时教师可以简单讲解变调规则。
- 要求学生能够正确模仿多音节词的声调及重音模式。
- 要求学生能够正确感知并模仿轻声和儿化词。
- 要求学生读句子或课文时能够正确感知句子的重音、停延、语调、语气并有意模仿。

3. 中级阶段

- 要求学生对双音节词连调模式的掌握达到自动化程度，这不是本阶段的教学重点，但学生有错误时应及时提醒、纠正和巩固。
- 要求学生熟练掌握多音节词的发音，包括声调和重音模式。教师不必专门讲解重音规律，只要学生能够熟练朗读和表达即可，必要时教师可以讲解规则以帮助学生理解和运用。
- 教学重点之一：各种连读音变规律。教师可以集中总结变调规则，同时强化练习，要求学生能够熟练掌握，自动运用。
- 教学重点之二：轻声、儿化的发音及对词性、词义的区别作用。教师可以设置专门的强化练习，也可以将轻声、儿化与词汇教学结合起来进行。
- 要求学生能够正确感知并朗读语流中的轻声。

■ 要求学生读句子或课文及自由表达时有语调语气意识，提醒学生自觉地运用重音、停延、句调、语气等，必要时教师可适当地总结规律以帮助学生理解和运用。

4. **高级阶段**

■ 声韵调、音节拼读、双音节词、多音节词、连读变调、轻声和儿化的发音等都应该熟练掌握。这些不是本阶段的教学重点，但学生有错误时应及时纠正并巩固。

■ 教学重点之一：结合语法和词汇教学总结轻声规律，要求学生能熟练、自动、正确地运用轻声。

■ 教学重点之二：理解儿化词包含的感情色彩。

■ 教学重点之三：总结语调语气的各种规律，要求学生熟练、自动、正确地运用。

语音教学的分阶段教学重点

<table>
<tr><th>教学阶段
语音项目</th><th>入门阶段</th><th>初级阶段</th><th>中级阶段</th><th>高级阶段</th></tr>
<tr><td>声母、韵母、声调</td><td rowspan="2">教学重点
• 熟练掌握</td><td rowspan="2">• 纠正巩固，达到自动化。</td><td rowspan="2">• 纠正巩固，达到自动化。</td><td rowspan="5">• 纠正巩固，达到自动化。</td></tr>
<tr><td>音节拼读及拼写规则</td></tr>
<tr><td>双音节连调模式</td><td>• 大量练习
• 正确感知模仿</td><td>教学重点
• 独立准确地运用</td><td>• 纠正巩固，必要时可介绍重音模式，达到自动化。</td></tr>
<tr><td>多音节词</td><td rowspan="5">• 基本不涉及</td><td>• 正确模仿</td><td>• 熟练掌握，必要时可介绍重音规律。</td></tr>
<tr><td>连读音变</td><td>教学重点
• 正确模仿，学生有疑问时可介绍规则。</td><td>教学重点
• 必要时总结规则，要求学生熟练掌握、自动运用。</td></tr>
<tr><td>轻声</td><td rowspan="2">• 正确模仿</td><td rowspan="2">教学重点
• 掌握轻声、儿化对词性、词义的区别作用，在语流中能正确感知和模仿。</td><td>教学重点
• 掌握规律轻声</td></tr>
<tr><td>儿化</td><td>教学重点
• 理解儿化的感情色彩</td></tr>
<tr><td>句重音
停延
句调
语气</td><td>• 读句子或课文时能正确感知并有意模仿。</td><td>• 独立朗读和表达时有语调语气意识，必要时介绍规则，帮助学生理解和运用。</td><td>教学重点
• 总结各种规律，要求学生熟练自动地运用。</td></tr>
</table>

语音教学中对音素、音节和语流的不同处理方法

本节开头案例中三位教师的做法体现了他们对音素、音节和语流三者关系的认识。在对外汉语教学的研究与实践中，不同流派选择不同的语音要素作为切入点，形成了三种不同的语音教学方法。

■ 音素教学法

程棠（1996）指出，所谓音素教学，是指语音训练从声、韵、调的单项练习开始，逐步过渡到词组、句子和会话练习。音素教学法代表了20世纪五六十年代汉语语音教学的指导思想，其具体操作是由单音入手，然后教短句会话（李培元等，1980），采用音素—语流方式（任远，1985），也就是吕必松（1996）提出的以音素教学为纲的方式。赵金铭（2004）则称其为“音系教学法”。

这种方法的优点是：可以把语音体系编排得系统、科学，单音练习充分，由“音”到“词”到“话”，顺乎由简到繁、循序渐进的教学规律（任远，1985）；可以按照音素的系统性与规律性进行教学，呈现音素之间的差异性与一致性，从而提高学习效率，加快学习速度，打下比较扎实的语音基础（陶炼，2004）。

这种方法的局限性是：音、义分离，材料枯燥，不易引起学生的兴趣，也难免生硬拼合的痕迹，不利于培养流利、自然的语调（任远，1985）；赵贤州（1996）指出，孤立的音素和单词的发音与在语流中的发音是有差异的；顾筝等（2005）认为，它忽视了语音的功能性，也轻视了拼音过程。

■ 语流教学法

程棠（1996）在论述中提到，语流教学强调在语流中学习语音，语音学习从语流练习开始。语流教学是20世纪70年代随着句型教学法的引进而提出的。20世纪80年代，语流教学法被普遍采用，其具体操作是由短句会话入手，然后分解音节（李培元等，1980），采用语流—音素的方式（任远，1985），亦即吕必松（1996）提出的以话语教学为纲的方式。

这种方法的优点是：语流是语言使用中的实际状态，以此为教学的出发点和落脚点可以促使学生把握语音在实际交际中的不同变化，引导学生从动态中去掌握汉语特有的声调，这对培养他们流利自然的语音语调有很好的效果（任远，1985）。可以说，语流教学法是针对音素教学法的局限性而提出来的，它的依据是：人类表达思想的最小单位是句子，不是孤立的音节，声、韵、调是一个整体，通过语流学习才有意义（赵贤州，1996）。这种方法可以解决洋腔洋调和语流音变问题。语流教学法强调语音的表意功能，强调音素间的组合协调，这是一个进步（顾筝等，2005）。

语流教学法的缺点是：在保证语流实用、符合逻辑、顺畅自然的同时，很难使其中包含的音素成分顺乎语音体系的规律（任远，1985），即顾筝等（2005）指出的“忽视语音系统性”的弱点。

■ 音节教学法

陶炼（2004）在分析比较音素和语流教学法的基础上，指出语流教学法认为音素教学法所强调的音素远离语音实际是有道理的，但语流教学法一步跨过音节，从音素跨到语句，步子太大，进而指出，汉语语音入门阶段的基本教学单位应该是完整而有意义的音节。顾筝等（2005）明确提出音节教学法，即从音节切入，由音节到音素，让学习者辨析每个音素的发音，再由音节到语流，让学生体会语音在语流中的价值和变异。

音节教学法避免了语流教学法的弊病，即忽视语音的系统性和层级性，也避免了音素教学法的弊病，即忽视语音的功能性和拼音的整体性。音节教学法试图在语音的系统性和功能性之间取得平衡，在基础性和交际性之间取得平衡。■

语音教学各阶段的切入点

根据上述各阶段的教学侧重点和目标以及音素、音节、语流三种教学方法的利弊，从语音教学的针对性原则出发，我们可以把不同的教学阶段和不同的教学方法结合起来。也就是说，针对不同阶段的教学侧重点，选取相应的切入点，同时兼顾其他两种语音要素的教学，这样就使语音教学成为一个各有侧重、循环配合的整体。

语音教学各阶段的特点是：入门阶段主要教授汉语普通话声母、韵母的发音特点和方法，以及声调的特点和音节拼读、拼写规则，这些内容主要是以音素为切入点的，因此在入门阶段采用音素教学法比较合适；初级阶段主要介绍音节连读和连读音变，可以视情况介绍出现的轻声和儿化，这些内容主要以音节为切入点，音节教学法就比较适合在这一阶段使用；到了中高级阶段，句重音、停延、句调、语气等成为语音教学的主要内容，而这些内容主要体现在语流层面，因此中高级阶段的语音教学应该从语流入手，引导学生练习句重音、停延、句调、语气等，如果发现学生有音节或音素方面的问题，再从语流中分离出来进行重点练习，而这正是语流教学法。

语音教学各阶段的切入点

阶段	教学重点	切入点
入门	声韵调的发音特点及方法 音节拼读及拼写规则	音素切入 音素—音节
初级	音节连读和连读音变	音节切入 音节—音素—音节—语流
中级	连读音变规律 结合词汇学习轻声、儿化	语流切入 语流—音节—音素—音节—语流
高级	规律轻声 儿化的感情色彩 句重音、停延、句调、语气	语流切入 语流—音节—音素—音节—语流

第二节

语音教学与其他语言要素教学

> 张兰老师第一次接手零起点班，她知道语音教学很重要，所以在起初三天的教学中，她安排的主要内容就是声母、韵母、声调和音节。为了让学生熟练掌握，她还设计了大量的练习及一些互动活动。但是，在这三天中，她没有安排任何词语、汉字和句子的内容，学生在这三天学到的全部是单纯的发音，没有看见一个汉字，没有学习一个独立的词语和句子。
>
> 张老师的这种安排合适吗？为什么？

语音、词汇和语法是语言系统的三大要素，学习一种语言，必须学习掌握这三个方面。与其他语言相比，汉语还有汉字这一特殊内容，所以这里我们把汉字和词汇、语法放在一起讨论。要进行汉语语音教学，就不得不考虑语音教学与汉字、词汇、语法教学的关系。这个问题在单独的语音阶段更为突出，因此这里首先讨论在入门阶段，即独立的语音教学阶段里，语音教学与其他语言要素教学的关系。

在独立的语音阶段，语音教学与其他语言要素教学的关系

1. 词汇教学

程棠（2000）总结过汉语教材中对语音教学与词汇教学的不同处理：（1）不严格要求学生掌握生词；（2）有选择地要求掌握一定数量的生词；（3）通过语流教语音要求学生掌握一定数量的生词；（4）词汇教学和语音教学同步进行。语音教学阶段到底该不该教授生词，程棠（2000）认为，从心理学的角度看，有意义的学习比机械学习的效果要好，因此“在学习语音的同时，要求学生掌握一定的生词，对语音学习不会产生负面影响，可能还会有积极影响”。但他也指出要注意两个问题：一是在语音阶段，学习一定数量的生词是实现掌握语音这个目的的手段；二是生词的数量要适当，他经过分析，提出语音阶段把生词量控制在100以下学生一般可以接受。这让我们知道，独立的语音阶段可以适当安排词汇的学习，但是这些生词一定是高频的常用词，对生词量的安排取决于教学内容和学生的实际情况，以不给学生造成学习负担、不影响语音内容的学习和掌握为原则。

2. 语法教学

语法方面，程棠（2000）提出，从具体的教学实践来看，“在语音基础没有打好以前，急急忙忙把基本语法阶段的教学内容搬到语音阶段来教，不仅语音教学要受影响，而且语法教学也难以顺利进行”。“但是，我们并不主张一点儿语法也不能教。”可见，程棠的意见是可以教一点儿语法，但安排一定要科学适度。语音阶段的主要任务是掌握语音，如果安排很多的语法内容必然会增加教和学的负担，不利于语音教学目标的实现。因此，语音阶段安排少量的语法是可行的，但不宜过多，更不宜细讲，以教会学生常用例句为目的。

3. 汉字教学

汉字教学是汉语教学的难点。对于语音教学与汉字教学的关系，程棠（2000）主张，“抓主要矛盾，在保证语音教学任务完成的前提下，再根据学生的学习能力和承受能力，可适当地学习一定数量的汉字，而且要尽量少教或不教，以便集中精力把汉语语音学好。”由此可知，独立的语音阶段不必安排汉字教学，如果学生感兴趣，可以稍微涉及，但应注意学习规律，只介绍少数常用的易认易写的汉字，如：人、口、手、大、小。

独立的语音阶段之后，语音教学与其他语言要素教学的关系

除了音素和音节层面的内容，语音在语流音变和语调语气方面的很多内容都和词汇及语法有关系，如特殊的轻声词、儿化词和词汇有关，有规律的轻声和语法有关，句重音、停延、句调等和语法密切相关①，对这些语音内容的教学很难和词汇、语法割裂开来。因此，在独立的语音阶段之后，语音教学和词汇、语法的教学应该紧密结合。

汉字教学一般和语音关系不大，但教汉字时应保证学生正确认读，发音准确。

第三节

语音教学与语言技能教学

李娜在国内的一所学校做兼职对外汉语教师，她在教中级口语时把精力主要放在让学生学习很多新词、新的句法结构及成段表达的格式上，她认为学生能够用复杂多变的词语和句式以及合乎逻辑的结构说话就是口语能力高的表现。有一次，她的一个日本学生告诉她，用在课堂上学的词语及结构同中国人交流时，中国人很难听懂，有时需要把词语或句子写下来对方才明白。还有一个学生说，有一次一个中国朋友去他的房间玩儿，中国朋友翻看他的一本书，他就问："你喜欢吗？"没想到那个朋友却回答："我刚吃过，不吃了。"原来他"喜欢"的发音发得不准确，听起来像是"吃饭"。

李老师在教学中可以做些什么来改善自己的教学效果并帮助学生提高口语交际能力呢？

① 具体可参看本书知识篇的介绍，此不赘述。

语音和哪些语言技能有关系?

语言技能是交际活动得以完成的重要保证，而语言的理解和产生是交际过程中非常重要的两种活动。从狭义上讲，语言理解就是根据声音（文字）建立话语的意义，即了解说话人所传递的消息的内容和意图（桂诗春，1991）。在口语交际中，语言理解是从辨认声音开始的。桂诗春（1991）指出，语言理解包括听辨阶段、意义建立阶段和使用阶段，其中听辨阶段主要是对声音的听辨。而语言的产生则包括计划阶段、结构建立阶段和执行阶段。其中跟语音有关的是执行阶段，该阶段的任务是把语言信息的高度抽象的心理表征变为不断变化的肌肉活动，并调动发音器官产生表达该信息的声音。所以，发音是语言产生的一个非常重要的环节。（桂诗春，1991；2000）由此可知，对声音的听辨和发音分别是语言理解和产生的起始和终端环节，这两个环节的顺利进行能保证交际活动的有效实现。而这两个环节分别属于听和说这两项技能，也就是说语音主要和听说技能有关。

分技能设课时怎样处理语音和各课型的关系?

目前国内对外汉语教学一般采用综合课和分技能课相结合的路子，一般分为综合课、口语课、听力课、阅读课、写作课等。阅读和写作主要训练读写技能，和语音的关系不大。综合课一般是一种具有综合性质的精读课，它结合语言要素、语言知识的传授以及语用规则、社会文化知识的教学对学习者进行全面综合的语言技能训练。（陈昌来，2005）语音是语言要素的重要组成部分，因此综合课理当安排语音教学。但是，综合课同时还承担着其他语言要素及语言知识的教学任务，单纯依靠综合课进行语音教学，在时间和强度上都难以保证学习者全面熟练地掌握语音。前已述及，语音能力中包含了输出能力和输入能力，分别对应于说和听的语言技能，因此这两项语音能力可以主要依靠口语课和听力课来完成。徐子亮（2004）曾强调过语音训练在口语课中的重要性。干红梅（2005）曾针对当前听力教学中忽视语气语调辨析的现状，讨论了语气语调辨析在听力理解中的重要作用，并对中级听力教学提出了几点建议。这些研究都从一个侧面说明了在口语课和听力课上进行语音教学的重要性。总的来说，综合课、口语课、听力课都有必要进行语音教学。在综合课全面介绍的基础上，口语课重点进行说的训练，听力课重点进行听辨的训练，三者循环结合，最终实现语音能力的提高。当然，这三者并不是截然分开的，只是说三种课型中的语音教学要互相配合，各有侧重。比如，综合课也可以进行说和听的练习，因为听辨领先也是语音教学的一个重要的原则。关键是教师要树立明确的语音意识，不管什么课型都可以随时对学生进行语音的教授和引导。

不分技能设课时怎样处理语音和听说技能的关系？

不分技能设课就意味着汉语教学仅通过一门综合课来完成，这门课要承担着听说读写四项技能的教学任务。在听说技能的训练中，要特别注重语音的训练。在独立的语音阶段之后，词汇、句子、对话、语段的教学成为主要内容。在每一项内容的教学中，都要做到让学生能准确地听辨理解，这可以通过设计有针对性的听力练习来实现。在准确听辨的基础上，要让学生准确地朗读并表达，要求做到发音标准，语调语气基本准确。这需要通过大量的朗读和自由表达的练习来完成，在这一过程中不能放松对语音的关注和纠正。

总之，教师在日常教学中始终不能忘记语音的存在。在学习新的词汇、句子、课文时要把发音准确和理解意义、学会运用等放在同等重要的地位。在合适的教学阶段可以设计专门的课时，结合词汇、语法介绍语音规律，并进行强化训练。比如，在中级阶段专门设课介绍轻声和儿化，在高级阶段结合语法专门设课介绍有规律的轻声、停延、句重音等，并要求学生做到正确听辨、准确发音。

思考

1. 汉语语音教学可以分为哪些阶段？语音教学各项内容在每个阶段如何安排体现？
2. 独立的语音阶段能不能安排词汇、语法和汉字的教学，安排时要注意什么问题？
3. 语音和哪些语言技能有关？教学中应该怎样处理它们的关系？

测验

一、判断

1. 语音教学可以分为入门、初级、中级和高级四个阶段。 (   )
2. 在独立的语音阶段完全不能出现词汇、语法和汉字的内容。 (   )
3. 语音主要和听说技能有关系。 (   )
4. 口语课和听力课不必涉及语音教学内容。 (   )

二、分析论述

汉语的语调语气是非常复杂的内容，初中级阶段因为学生水平的限制，很难理解复杂的语调语气内容，因此初中级阶段语音教学可以完全不考虑语调语气因素，到高级阶段再引导学生注意也不迟。你同意这种看法吗？为什么？

第十章

语音教学常见偏误与对策

导 读

本章将分类列举学习者在声调、声母、韵母、音节及音节连读、语调语气等方面可能出现的偏误，并提出一些对策，供教师参考。

第一节

声调偏误

张老师教的初级班中有十多位来自不同国家的学生，在声调学习中，张老师注意到练习单个声调时发音还不错，可是一开始读词或句子就完全乱了，有的学生读每一个词听起来都是一个调子，几乎没有声调高低升降的变化。

出现这种现象的原因可能是什么呢？有什么好的对策可以改善这一状况？

一、单个声调的偏误

学习者在发单个声调时常见的偏误有哪些？

1. 调型错误

普通话的每个声调都有其调型，学习者把握不好这些高低升降的特点，就会出现调型错误。比如，第一声起音不够高，随后音高再上升，有点儿像第二声；第二声常见的偏误或者是起点太高，升不上去，听起来不像升调而像平调，或者是先降后升，听起来和第三声差不多；第三声常见的偏误是前半部分还没降到最低点就急于上升，曲折度不够，听起来像第二声，有的学生很难发出先降后升的降升调，要么是降后没有上升，要么是直接升没有先降；第四声常见的偏误是起调偏低，降不到最低点，把降调念成了低平调。

2. 调域错误

有的学生发第一声时整个音不够高，调值达不到 [55]；有的学生发第四声时拉大调域，降得过低过长，而有的学生又压缩调域，音调降不到底，发音时间过于短促。

解决单个声调偏误问题的教学对策有哪些？

1. 声调先行教学

传统的语音教学往往是先教声母、韵母，然后再教声调，这样学生的注意力就会被吸引到声母、韵母的发音上，对声调的关注不够。和声母、韵母相比，从数量上说，声调要少得多，只有四个，但从在普通话语音中的作用来看，声调却比声母、韵母重要得多。除少数独立的轻声音节以外，普通话每个音节都有声调，声调发不好，学习者整体的语音面貌就不可能好。所以，语音教学中可以先教声调，因为它数量最少又最重要。先教声调可以让学生把全部的注意力都放在声调上，便于感知和建立声调范畴，而且先学声调之后，声母和韵母的教学都可以和声调结合起来进行，无疑会增加声调的练习频率，更便于学生声调范畴的建立。因此，在语音教学中，声调完全可以先行教学。声调教学越早，越利于学生形成良好的普通话语音面貌。

2. 设计合理的教学顺序

以汉语为母语的人习惯了 ā—á—ǎ—à 的唱调顺序，那么，对外国人的声调教学是不是也一定要按照一、二、三、四声的顺序呢？答案是否定的。语音教学顺序的确定要根据学生的学习特点，容易学又可用于带着学习其他音的项目可以先教。

就声调来说，第一声是个又高又平的声调，一般来说，外国人发第一声的高平调相对比较容易。第一声可以起到定调的作用，如果第一声掌握得不好，会影响其他声调的发音。发好第一声之后，有了第一声的音高参照，在此基础上发全降的第四声就比较好把握。对第一声的最高位置和第四声的最低位置都有了一定的感觉之后，再学第二声的中到高，学生更容易感觉出高低的变化，在此基础上再学降升的第三声。因此，声调教学可以按照“第一声→第四声→第二声→第三声”的顺序进行。在全部四个声调学完之后，再按顺序做四声的唱调练习，如ā—á—ǎ—à，mā—má—mǎ—mà。

3. 运用合适的教学技巧

声调教学的常用技巧有：（1）用图示法画出声调的五度标记图，让学生直观感受各个声调的音高变化；（2）用唱音阶的办法给声调定音高；（3）用手势提示学生声调走势及调型；（4）用外语辅助引导模仿声调，如用英语降调yes中的［je↘］调势模仿发出第四声，用升调what中的［wɔ↗］调势模仿发出第二声；（5）用带音法学习声调，比如，多读“第四声+第二声”的双音节词语，用第四声带音发出第二声。

4. 一定情况下适当变通

所谓适当变通，就是根据语言运用的实际情况，对发某些音实在有困难的学生适当放宽要求，只要不影响整体交际即可。比如，有的学生发第一声时，起调不够高，整个音值达不到［55］，可能只有［44］或［33］，但保持了一声高平调的调型，这一调型可以让一声与其他几个声调区别开来。实际上，只要保持高平调的调型不变，在中国人的听感上音域高一点或低一点都是可以接受的。所以，如果学生发的是没有明显升降的平调，就不必过分苛刻地纠正，这就是一种变通。再如，发第三声时，有的学生就是很难发出先降后升的降升调，而在实际的语流中，三声读全调的情况也比较少见，大多读作二声和半三声，所以让学生只练半三声即可。

二、声调连读的偏误

为什么有的人读单独的音节时还不错，一读词语或句子就听着别扭？

有的汉语学习者在念单个音节时没有问题，而在读词语或句子时就会“洋腔洋调”，出现这种现象的原因有：第一，读词语或句子时没有把握好每个音节的声调，而是用自己母语的语调代替了声调，有的学生读每一个词听起来都是一个语调模式就是这个原因；第二，即使有的学生注意了单个音节的声调，但对汉语词语和句子的连调发音不熟练，于是就一个字一个字地“蹦”出来，对一些该有的变调也没有变，所以听起来不自然。

怎样让学生熟练掌握普通话的声调连读模式?

普通话的词语以双音节词为主，多音节词往往可以分成单音节和双音节搭配的形式，因此，练习好双音节词语的连调模式对于改善学生的语音面貌有重要作用。

双音节词的连调练习可以采用模式法进行。在声调学习阶段可以"ɑ"或"m"音为例练习各种连调模式。在词语学习阶段，可以把具有相同连调模式的词语排成一组，用已经练过的"ɑ"或"m"的模式起定调作用，练习词语的发音。

多音节词的连调练习可以采用分解法进行。①

三、句尾声调的偏误

句尾声调偏误原因及对策

汉语的句调一般在句子末尾呈现出来，这时句调和句尾字的声调重合在一起，有的学习者为了突出句调，就用句调代替句尾字的声调，造成句尾字的声调偏误，这在句调和句尾字调走势相反的情况下更为明显。

比如，读句子"你是？"时，学习者可能为了突出疑问的升调而把本来应为降调的第四声"是"读成升调，听起来像是第二声。

再如，读句子"明天我不想去长城。"时，受句尾降调的影响，学习者可能读句尾的"城"字时升得不够高，听起来有点儿像第四声。

针对这类问题，要提醒学生记住，不论在任何情况下，声调的调型是不能改变的。为此，可以先让学生练习句尾的单个字调，定准声调以后，再练习整个句子。

① 关于"模式法"和"分解法"，具体请参看本书第八章第二节中"常见的音节连读及音变的教学方法"的介绍。

第二节

声母偏误

> 黄老师的班里有三个日本学生，他们总是把“喜欢”的“欢”读成“fān”，把“结婚”的“婚”读成“fēn”。
>
> 学生为什么会出现这样的错误？如何有效地纠正呢？

常见的声母偏误类型及纠音策略

1. 发音部位的偏误

普通话中每个声母都有其特定的发音部位，发音部位不对，发出的音当然就不对。在上述例子中，学生把“h”发成“f”就属于发音部位的错误。对于这类偏误，可以结合发音部位图，明确提示学生找准发音部位，也可用手势演示发音部位提醒学生注意，还可用夸张法突出发音部位让学生观察，比如，发“f”时夸张示范上齿咬着下唇的口形让学生模仿，有条件的学校也可以借助多媒体设备演示发音部位。

2. 送气与否的偏误

普通话中有对应的送气音与不送气音，学生如果不能把握其送气特点，就无法准确地发出这一类音。针对这类偏误，可以采用辅助法来区分，让学生把一张薄纸或手放在嘴前，发不送气音时没有明显的气流感应，即薄纸不会动或手上没有气流，发送气音时则能感到有气流喷出，即薄纸会动或手上有气流。如果学生只会发不送气音，可以让其保持同一发音部位，然后加大送气力度发出送气音。如果学生只会发送气音，可以让其控制喷出的气流，发出不送气音。还有一类声母的送气程度介于不送气音和送气音之间，这就是擦音。这时候可以让学生进行对比，发不送气音时，手上几乎感觉不到气流，发送气音时，手上能感到强烈的气流，发擦音时，手上也能感到一些气流，但比送气音的气流弱一些。擦音的主要特点就是摩擦，发音时可以夸张地拖长发音，让学生感受其摩擦的特点。

3. 清浊的偏误

普通话有四个浊音声母，发浊音时声带要振动，可以让学生把手放在声带上体验振动的感觉。清音声母发本音时，声带是不振动的，但我们平时发音常常在声母后面加一个元音变成呼读音，这时声带会有一定的振动。如果直接把清音声母发成浊音声母，发音听起来会特别重，给人发音用力、音质含混的感觉，这时候教师可以提醒学生用力稍小一些，读得轻一些。

声母教学举例

1. z、c、s与zh、ch、sh、r

这两组声母的主要区别是发音部位，z、c、s是舌尖前声母，发音部位是舌尖和上齿背，zh、ch、sh、r是舌尖后声母，发音部位是舌尖和硬腭前部。从舌头的形状看，发z、c、s时舌头是平直的，所以这组音也常被叫作“平舌音”，发zh、ch、sh、r时舌头是翘着的，所以这组音也常被叫作“翘舌音”。教学中可以用手掌代表舌头，通过伸直和卷起手掌提示学生伸直舌头和卷起舌头。一般在教师的提示下，学生当场大多能模仿出来，问题是学生自己发音时又会弄混。对于有这类发音困难的学生，教师可以专门为他们制作练习卡片，一组选平舌声母的常用字，一组选翘舌声母的常用字，画上平舌和翘舌的图案作为提示，让学生每天强化练习，逐渐形成自动化的语感。

2. f和p 、f和h

f是唇音声母，它的发音部位是上齿和下唇，p是双唇声母，它的发音部位是上下唇，这两个声母可以通过夸张演示发音部位让学生观察口形并模仿。

h是舌根音，它的发音部位是舌根和软腭，发好h的关键是，舌面后部要抬高并保持紧张，教师可以结合发音器官图指示舌头后部要抬高。区别f和h时，教师可以通过示范让学生注意对比两者的口型：发f时上齿轻触下唇，发h时上下唇是自然张开的。学生可以对着镜子观察自己的口型进行练习。

3. s、sh、x

这一组音都是擦音声母，它们发音方法相同，发音部位不同。s是舌尖前声母，发音部位是舌尖和上齿背；sh是舌尖后声母，发音部位是舌尖和硬腭前部；x是舌面声母，发音部位是舌面前部和硬腭前部。按顺序看这三个音，舌头是从前往后运动的。为了引导学生把握发音部位，可以采用辅助法，用食指或牙签辅助矫正。把食指或牙签放入口中约1厘米处咬住，发x时舌头被压在下面，发s时舌头也被压在下面，但能明显感觉到舌头前部会往上顶，发sh时牙签或手指在舌头下方，舌头应向上卷。

4. l和n、l和r

l和n都是浊音声母，发音时声带都振动，两者发音部位相同。区别是n是鼻音，发音时气流从鼻腔通过，l是边音，气流从舌头两边或一边通过。教学时可让学生把手放在鼻子上，发n时可以感觉到鼻子有轻微的振动，发l时则不能有这种振动。也可采用捏鼻法：发l时，用手捏着鼻子，可以感觉气流从口腔留出；发n时，先找准舌位，如果也捏着鼻子，就很难或无法发出n音，如果松开鼻子，气流从鼻腔流出，就能发出n了。还可以用掩耳法，捂住耳朵，发n时耳膜可以感到有鸣声，发l时耳膜没有明显的鸣声。

r和l的区别在于：发r时舌尖上翘接近硬腭前部，卷舌，其舌尖和舌面边缘的状态和发l时正好相反，舌面可以微卷抵住硬腭前部，舌尖却不可以接触硬腭前部，中间要留出一条窄缝保证空气可从中留出；发l时舌尖抵住上齿龈，舌面两边留有出口，气流从舌头两边或一边通过。教学时可用带音法，以sh引导发出r，即先发sh，然后保持发音部位不变，手放在声带上感受振动并发出r。也可用英语的long［lɔŋ］引导发出l。在音节辨读时，可用音节拼读法来帮助纠正，即轻轻地、慢慢地把声母和韵母分开来读，如r—è—rè，r—ú—rú；l—è—lè，l—ú—lú。

第三节

韵母偏误

> 一个学生经常把“床”说成“船”，把“刚”说成“干”。他犯了什么样的发音错误？如何纠正这类错误？

常见的韵母偏误类型及纠音策略

1. 唇形圆展的偏误

唇形是普通话韵母特别是单韵母发音中非常重要的一个方面，唇形有圆唇和不圆唇即展唇之分。单韵母o—e、ü—i是以圆唇和不圆唇为区别的音，教学中可以用带音法以前者带后者：先发o，然后保持舌位不变，把嘴角往两边拉变成展唇就能发出e；先发i，然后保持舌位不变，把嘴唇拢圆变成圆唇就能发出ü。对于这类偏误，教师要先示范，然后让学生注意观察并模仿口形，记住哪些是圆唇的，哪些是不圆唇的，自己练习时可用小镜子观察口形。复韵母口形圆展的区别主要在于开头的元音，如ian和üan，教学中要让学生注意并把握准口形。

2. 唇形变化与否的偏误

这类偏误主要出现在单元音韵母和复元音韵母之中。单元音发音的一个重要特点是在整个发音过程中，舌位的高低、舌位的前后以及嘴唇的形状始终保持不变，复元音发音时舌位的高低前后以及唇形会有一个变化过程。有的学生分不清单韵母o与复韵母uo、ou和ao的发音，教学中可提示学生关注口形变化：发o时口形始终保持不变，发uo、ou和ao时口形有一个变化过程，而且每个音变化的起点和终点都不一样。

3. 丢失介音的偏误

这类偏误主要发生在有韵头的韵母中，比如把ian读成an，把uen读成en，把uan读成an等。这类偏误可以用拼读法来纠正，用韵头和韵身相拼，突出韵头的发音。

4. 前后鼻音的偏误

前后鼻音的不同在于韵尾的不同，一个是n，一个是ng。它们两个本身的发音部位是不同的：发前鼻音n时，舌尖抵住上齿龈；发后鼻音ng时，舌面后部高高隆起，舌根尽力后缩，抵住软腭。在前鼻音韵母和后鼻音韵母的发音过程中，这种区别可以通过口形来观察：发前鼻音韵母时，上下门齿是相对的，口形微开，一般可看见牙齿；发后鼻音韵母时，上下齿离得远一点，口形较开，一般不能看见牙齿。教学中可以通过口形对比让学生体会其区别。

5. 后鼻音韵母带g的偏误

有些学生受母语的影响，在读普通话的后鼻音韵母时习惯性地带上一个［g］音，这时候要告诉学生，汉语鼻韵母中的g不单独发音，发这类韵母时一定要去掉后面的［g］音。

单韵母o的教学问题

你还记得自己学这个单韵母时是怎么发音的吗？你现在怎么读这个单韵母呢？

o的读法一般有两种：

第一种读音是“喔”。在《现代汉语词典（第5版）》中，“喔”的注音是wō，意思是公鸡啼叫的声音。中国小学生常用的拼音挂图中一般也以公鸡啼鸣的图片来提示o的发音。以这个音来教单韵母o可以很容易解决bo、po、mo、fo音节的拼读，但有一些词的读音则会遇到问题，即叹词“噢”、“哦”的读音“ō”、“ò”。显然，这两个词不能读成“wō”、“wò”。

第二种读音是［o］，就是叹词“噢”、“哦”的读音。这种读法符合从音系学角度观察到的o的发音特点，语音专业学习中都是读这个音，现在的中小学课程新标准中也规定读这个音。这个读音带来的问题是，在拼读bo、po、mo、fo时，很可能被拼成“bao、pao、mao、fao”，这和我们平时的发音习惯不相符。对于这个问题，一般的解释是，bo、po、mo、fo中间实际上有一个过渡音u，在协同发音的过程中，读音发生了变化。

在国际汉语语音教材中，这两种读音都有。比如，蔡云凌、刘德联编著的《趣味汉语拼音课本》录音中，o读“喔”，但在其给的例子中，叹词“哦”也被读成了“wò”，这显然有问题。在陈玉东主编的《趣味汉语语音课本》中，o也是读“喔”。在何平主编的《汉语语音教程》和谭春健主编的《汉语语音100点》中，o读“哦”，在北京语言大学电子音像出版社出版的《汉语普通话语音图解课本》中，o也是读“哦”。

国际汉语教师在教学中可以灵活处理o的发音。教单韵母时，可读“哦”；在教bo、po、mo、fo音节时，可以淡化拼读过程，直接呼读。如果有学生提出拼读的疑问时，可以让其念b和o，越念越快，快到几乎变成一个音时，就成了bo。如果在单韵母学习阶段，有学生把o读成“喔”，教师可以模糊处理，不必苛刻纠正，因为这样读只会影响到叹词“噢”、“哦”的读音，而这两个词通常到中高级阶段才会学到，那时候如果学生对此有疑问，再解释也不迟。■

第四节

音节偏误

一些留学生在学习yu、ju、qu、xu这样的音节时，常常因为把其中的“u”读成［u］而拼错，教师应该如何解决这一问题呢？

音节教学应注意的问题

1. 声韵调问题

声母、韵母和声调是音节的重要组成部分，对任一部分的误读都会造成对整个音节的误读。学生在音节方面发生偏误时，如果是声母、韵母或声调的问题，可以用相应的纠音策略先单独练习出现错误的声母、韵母和声调，然后再合起来拼读整个音节。

2. 声母j、q、x和撮口呼韵母相拼的读音问题

《汉语拼音方案》中的拼写规则规定，撮口呼韵母在和j、q、x相拼时，ü上两点要省略，即ju、qu、xu，jue、que、xue，juan、quan、xuan，jun、qun、xun。从字母形式上看，省略了两点的ü和韵母“u”相同，因此一些学习者会把这些音节中的“ü”误认为是“u”，从而造成这一类音节的读音偏误。针对这一现象，教师在遇到这类音节时，应该特别说明其中的韵母是“ü”而不是“u”，同时提醒不论在什么情况下，看到j、q、x后面的字母“u”都应读为“ü”，因为普通话中的韵母“u”从来都不能出现在j、q、x的后面。这样多提醒多练习，慢慢就会养成学习者的认知习惯，见到这类音节时就不会读错了。

3. y、w开头的零声母音节的读音问题

汉语中以y、w开头的音节共有23个，具体分为两类：

（1）y、w不发音，只是起隔音作用的符号，整个音节的发音和y、w后面的韵母发音完全相同。这类音节有：yi、yin、ying、wu、yu、yue、yuan、yun。需要注意的是，yu、yue、yuan、yun中的“u”实际上是“ü”，不能发成［u］。

（2）y、w分别代表单韵母i和u的发音［i］和［u］，整个音节的发音是［i］或［u］和其后的韵母相拼而成的。这类音节有：

ya ye yao you yan yang yong

wa wo wai wei wan wen wang weng

对于这些y、w开头的音节，在教学中可以作为一个整体直接教学生呼读。如果学生呼读没有问题，就不必过多解释其音节结构和发音来源。如果学生呼读有问题或对这类音节结构有疑问，教师可以结合音节的省写规则和隔音规则进行介绍和讲解。

4. 音节zi、ci、si和zhi、chi、shi、ri的读音问题

这两组音节中的"i"并不是舌面元音［i］，zi、ci、si中的韵母是舌尖前韵母［ɿ］，zhi、chi、shi、ri中的韵母是舌尖后韵母［ʅ］。在教学中不必专门介绍这两种韵母的不同，把这两类音节作为一个整体教给学生直接呼读即可。对于个别习惯于把［i］和声母拼读的学生，教师可以提醒这七个声母后面的i并不是韵母［i］。

5. 含有省写韵母iu、ui、un的音节的读音问题

iu、ui、un这三个韵母是iou、uei、uen用在声母后面时的省写形式。一些学习者遇到这类音节时可能会丢失中间的韵腹，使音节发起来不够饱满。教师可以特别说明iu、ui、un和iou、uei、uen的关系，并找一些含有这些韵母的音节集中练习，帮助学生养成认读习惯。

第五节

音变偏误

一般教材的生词表中出现生词"不"时，标的读音都是bù，可学生在说"我不（bù）是中国人"时，老师又纠正说应该读"bú"。对此有的学生会感到困惑，应该怎样给学生解释这一情况呢？

音变教学常见的问题

1. 学生读不准发生音变的音节

这个问题一般出现在三声变调时“半三声”的发音以及轻声和儿化的发音上。

半三声发音的练习可以使用声调的五度标记法示意图提醒学生只读下降的部分。但是，学生可能因为过于关注声调下降的特点而出现起音过高、听起来像第四声的偏误，这时教师可以用五度标记法标出四声的［51］和半三声的［21］，让学生直观感受两者音高的不同，然后引导学生通过对比感觉两者发音用力的差异，即发第四声时往往比较用力，发半三声时不需要用那么大的力气。

轻声的发音关键是把音节读得又轻又短。教师可以通过轻声和一声、四声的对比让学生来体会：一声是高平调，四声是全降调，两者起调都高，而轻声的起调低，发音轻而短，没有一声和四声长。练习轻声时，可以把轻声前面的音节尽量发得完整而充分，然后迅速往下降，顺势带出轻声。

儿化的发音关键是强调卷舌，可以先通过zh、ch、sh、r、er让学生领会卷舌动作。需要注意的是，儿化韵是一个音，应在发出韵母的同时卷起舌头，而不是发出韵母之后再卷起舌头，否则就变成了两个音。对此教师可以多做一些儿化和非儿化的对比练习，帮助学生理解和掌握。如huā'ér — huār、niǎo'ér — niǎor、shǒu'ér — shǒur。

2. 不知什么时候应该变调

学生知道了三声有时读二声，有时读半三声，也知道“不”、“一”有时读四声，有时读二声，有时读轻声，但却不知道什么情况下该读这些声调。对此教师可以采取分散教学和集中教学相结合的方法。在最初的词汇教学阶段进行分散教学，即每遇到一个含有音变现象的词语，就及时提醒学生注意实际读音，必要时可以让学生为词语标上调号作为提示，半三声可用符号ˎ表示。等积累了一定数量的音变词语之后，教师可以结合例词总结音变规律，并集中强化练习，帮助学生内化语音变调规律。

3. 语流中的音变失误

很多学生能够正确读出发生音变的单个词语，但当这些词语出现在句子、对话中时就忘记了音变，读音不准确，这种现象产生的主要原因是学生对音变规律不够熟悉，没有形成良好的语感。对此教师可以采用分解法，先分解出句子的组成词语，对发生音变的词语进行预先练习，然后再放在句子中进行朗读，慢慢地就会形成习惯。此外，可要求学生多听标准的朗读，如句子或课文的录音等，这对于语感的形成也大有裨益。

4. 儿化与否的困惑

有的学生在了解了儿化现象之后，可能会在课堂上和生活中遇到儿化处理不一的问题，进而产生是否需要儿化的困惑。比如，有人可能会问，“玩”、“聊天”这样的词到底要儿化还是不儿化。对于这个问题，教师应该区别对待。儿化后意义或词性发生变化的，如“头—头儿（领导）”，该儿化时一定要儿化，书面上也要将“儿”写出来。对于儿化后意义和词性不发生变化的词语，应该告诉学生中国南方人和北方人的发音特点：北方人习惯说儿化音，南方人不习惯说儿化音。“玩”、“聊天”可以儿化，也可以不儿化。学生可以根据所在地域和自身的发音习惯进行灵活处理。

5. 轻声词的偏误

普通话中有一些词只有轻声的读音，如常见的助词、语气词、构词语素等，学习这些词时要特别强调其轻声的特点，要求学生准确掌握。

有一些词本来有特定的声调，但在口语中经常读作轻声。不读轻声也不影响意义的表达，但听起来感觉不自然，如“告诉”、“事情”等。为了帮助学生学会地道的发音，在教学中应通过示范朗读给予提醒并加强朗读练习。

还有一些词既有轻声形式也有非轻声形式，轻声与否与词义和词性密切相关，如“地道—地・道”、“过去—过・去”，这样的词在教学中一定要提醒学生注意区分，不能混淆。

第六节

语流偏误

有一个中级水平的学生把“水电视情况合理分担”读成了“水电视/情况合理分担”。这样读对吗？他为什么会这样读？

常见的重音偏误

1. 不能重读的词重读

汉语中一些特定的词类在句子中一般不重读。这些词类包括：介词，单音节连词，量词，助词，表示否定、虚指的疑问代词，等等。如：

（1）我中午*在*单位食堂吃饭。

（2）小张*和*小王都是我的好朋友。

（3）这本书很好看。

（4）我没吃*过*这种菜。

（5）这个菜不*怎么*好吃。

（6）我们去*哪儿*转转吧。

在语流练习中，教师要提醒学生注意这些词，不能做重读处理。

2. 逻辑重音定位错误

逻辑重音是为了表达特定的含义而突出强调的部分。在对话交际中，逻辑重音一般是问题的焦点。逻辑重音定位错误常常会让人误解意思或给人答非所问的感觉。如：

A：你要买哪件？

B：我 ' 要买这件红色的。

根据A的问题，逻辑重音应为"红色"，如果把"要"作为逻辑重音，对方不能快速捕捉到答案，甚至会觉得莫名其妙。

逻辑重音的训练要贯穿于初级阶段的对话朗读和口语交际中。简单的句子和日常的语境有助于学生快速理解并掌握逻辑重音。

常见的停延偏误

常见的停延错误就是"读破句"，即在不该停延的地方停延。停延偏误主要有两种情况：

1. 词汇内部停延

朗读和交际都以词汇为基础，学生最初接触句子时就应该培养分词意识和能力。一般来说，初级水平的学生可能由于词汇掌握不牢或朗读不熟练等问题而出现在一个词汇内部停延的错误，如"我喜/欢电影"。这时教师要及时提醒并纠正。随着学生水平的提高，这种现象会越来越少，但有可能出现另一种情况，即句子中包含学生已经学过的语素，但在这个句子中并不是他学过的那个词，学生可能仍按原来的词汇界限停延，造成读破句。本节开头的例子就是这种情况。学生已经学过“电视”，但不知道句中的“电”和“视”都有另外的用法，分别表示生活用电和根据（情况）。类似的例子如“水果/然没有了”。学生因为知道“水果”不知道“果然”而读破句。针对这种情况，教师要提前备好课，在教学中先讲解并操练新词语，然后再练习朗读。

2. 在不能停延的语法位置停延

汉语句子中有一些特殊的语法位置是不能停延的，常见的有：

（1）简单趋向补语、结果补语、可能补语前不能停延。比如，“说出来”不能读成“说/出来”，“写完作业”不能读成“写/完作业”，“看得懂”不能读成“看/得懂”。

（2）正反疑问句中的动词或形容词是单音节词时，中间不能停顿。比如，“好不好”不能读成“好/不好”，“写没写作业”不能读成“写/没写作业”。如果动词或形容词是双音节词，则可以有简短的停顿，如“喜欢/不喜欢”。

（3）轻声音节如需停延，只能在轻声音节之后，如：小王的/书、慢慢地/说、站着/说话、买了/衣服、吃过/饺子。

（4）在并列短语中，连词后不能停延，如需停延，只能在连词之前，如：两位老师/和十个学生、职业教育/与人生规划。

针对这类偏误的有效策略就是多听、多念、多说、多练。

停延与幽默

停延不当会影响对意义的正确理解，但有时人们会故意利用这一语音现象开玩笑或制造幽默。这里举两个例子：一个男的跟女同事说：“我很喜欢你（到这里停延了，女同事一下子就脸红了）唱的歌（原来喜欢的是歌不是人）。”一个女孩儿跟《星光大道》的主持人毕福剑说：“毕老师，我很喜欢你/主持的节目。” ■

关于句调语气偏误

句调和语气是交际表达中比较复杂的语音现象，它和说话人之间的关系、距离以及说话人的态度、心情等很多因素有关，正确的句调和语气体现了学习者高水平的汉语交际能力。

句调语气的偏误简单地说就是用错了句调或语气，表达错了自己最初的意思，造成别人的误解，导致交际失败。

对于句调和语气，教师从初级阶段的教学开始应该注意引导学生感知并模仿。随着汉语水平的提高，教师可以设计一些专项训练帮助学生理解并恰当地运用句调和语气进行表达和交际。

思考

1. 常见的声调、声母和韵母的偏误有哪些？
2. 普通话音节和音变教学应注意哪些问题？
3. 常见的重音和停延偏误有哪些？

测验

一、判断

1. 学生把第一声发成第二声是属于调型的错误。（　　）
2. 把声母“z”发成“zh”是发音方法的错误。（　　）
3. 把韵母“uan”发成“an”是丢失了介音。（　　）
4. 音节wa中w代表的是韵母u的发音［u］。（　　）
5. “张老师的女儿”若要停延，应为“张老师的/女儿”。（　　）
6. “你吃不吃？”可以在“不”后面停延读为“你吃不/吃？”（　　）

二、问答

1. 汉语语音教学中先教声调有没有可行性？为什么？
2. 举例说明什么是声调教学的变通处理。
3. 有学生总是分不清s、sh、x三个声母，请分析比较这三个声母的异同，并介绍一种有效的教学方法。
4. 有学生总是混淆前后鼻音韵母，如果你是老师，打算怎样帮助学生纠正？
5. 对于音变中的轻声和儿化，教学中应该如何灵活处理？
6. 举例说明汉语句子中哪些位置一定不能停延。

第十一章

语音课堂教学常见问题探讨

导 读

在语音课堂教学中，不少人常常遇到这样的问题：怎样运用教学语言？如何处理学生的发音错误？如何编写有效的语音练习？如何设计合适的语音活动？

希望本章的探讨能在这些问题上给您一些启发。

第一节

教学语言的运用

刘东是一名新手志愿者教师。他被派到印度尼西亚在一个零起点班担任汉语教师，学生都是中学生。刘东觉得应该先教学生一些汉语语音的基础知识。虽然行前培训中学了一点儿印尼语，可是他根本不知道怎样用印尼语解释语音问题，学生的英语水平他又不太了解，而且对他来说，用英语解释语音问题也是一个挑战，所以他很犯难。

小刘遇到的问题很多新手志愿者教师都遇到过，应该怎么面对并解决这个问题呢？

教学语言可以包含哪些方面？

本书讨论的教学语言，主要是指教师在课堂教学中展示教学环节、组织实施教学所使用的语言。从构成上看，教学语言包括三类：

1. 目标语

目标语是学生要学习的语言。对国际汉语教学来说，目标语当然就是汉语。用目标语作为教学语言，本身也是一种目标语的输入。学生对目标语教学的理解程度和学生的目标语水平有关。当教师能够完全用目标语教学时，学生的目标语水平就比较高了。

2. 媒介语

在入门及初级阶段，学生的目标语水平有限，纯粹的目标语教学很难实现，对学生来说难度太大，这时就需要借助别的语言来辅助教学，这就是媒介语。

媒介语可以是学生的母语，这要求教师掌握学生的母语。当教师不懂学生的母语时，可以用学生和教师都懂的第三种语言作为媒介语。在当前的国际汉语教学中，通常以英语作为媒介语。

3. 态势语

目标语和媒介语都是有声的教学语言。除此之外，无声的态势语也可以作为教学语言。态势语包括教师的动作、表情等，如用手指示某个学习项目提醒学生注意，用疑问的表情提醒学生思考，摇头表示错误，点头表示正确，伸出大拇指表示称赞，微笑表示鼓励，等等。态势语是教师教学语言的重要组成部分，虽然不是有声语言，但却可以成为有声语言的有效补充。丰富而恰当的态势语可以帮助教师有效地传达自己的教学信息，营造良好的课堂氛围。尤其是在有声语言沟通不顺畅即学生对目标语的理解程度较低而又没有合适的媒介语时，态势语可以作为主要的教学语言帮助教师完成教学活动。

教学语言的使用应该注意哪些问题？

1. 精练有效

教学语言一定要精练有效，不说过多的、不必要的、无效的教学语言。在志愿者教师选拔和培训中，经常有年轻的志愿者说了一大堆话来导入自己的教学，两三分钟过去了才在黑板上写出要讲的内容。在讲解时也有这样的情况：教师自己讲很长时间，学生一直茫然地看着、听着。这些做法都是不可取的。教学语言是为教学服务的，课堂教学的主要目的是教学目标的实现，所以应该把大部分的课堂时间留给学生学练。

2. 简洁易懂

简洁易懂的教学语言要求教师发音标准，语速适中，词句简单。教学语言最好使用学生学过的词句，保证学生能够听懂。如果大部分的教学语言学生都听不懂，学习兴趣就会降低，学习信心就会受到影响，学习效果就会大打折扣。这一点新手教师要特别注意。新手教师常常犯的一个错误就是教学语言所用的词语和语法比学生当课要学的词语和语法都难，完全不考虑学生的汉语水平。

为了保证教学语言的简洁易懂，教师需要从两个方面做出努力。一是熟悉教学内容，包括以往的学习内容和当前的学习内容。在接触到新学生时，教师应花些时间了解学生以前学过哪些词语、哪些语法、哪些话题，如果学生同时上多门课，教师要了解一下其他教师和其他教材所教的内容，这样就能大概把握学生当前的汉语水平，在组织运用教学语言时就能做到有的放矢。另一个方面是熟悉汉语水平词汇大纲及语法大纲，熟悉其中对词汇和语法级别的划分，这可以帮助教师对相应级别的学生使用相应水平的教学语言。比如，对初级水平的学生使用丙级词、丁级词肯定不合适。有一位从事对外汉语教学很多年的非常有经验的教师，别人在介绍她时特别强调说："她说的话都是甲级词。"这虽然有夸张的成分，但可见词句简单对教学语言是多么重要。

3. 目标语优先

教学语言应该优先选用目标语，因为目标语本身对学生也是一种输入刺激，是目标语学习的一个组成部分。遇到一个问题，教师首先应该努力用目标语说明，尽量少用或不用媒介语，媒介语只在目标语无法完成沟通而又必须用时才用。有些教师可能英语很好或者对学生的母语掌握得很好，所以教学中经常说英语或学生的母语，这种情况下往往学生反而对教师很有意见评价不高，因为对学生来说，首要的目的是学习目标语，而不是大量听教师说英语或自己的母语。

语音课堂教学语言的运用

语音教学特别是音素音节的教学通常是在学生的入门及初级阶段进行的。这个阶段学生的汉语水平很低，而语音本身又比词汇和语法难解释一些，那么在语音教学中应该使用什么样的教学语言呢？

答案很简单，就是不用或少用口头语言，适当借助态势语言即教师的表情、眼神、手势等。总之，在学生水平较低的情况下，除非特别需要，否则能不用口头语言就不用，必须用时也尽量简单，而且教师要说得慢一些，多重复几遍。比如教声调时，有些教师觉得应该这样讲："大家都知道，汉语是有声调的语言，声调在汉语中特别重要，汉语有四个声调，今天我们就来学习汉语的声调。"这些话用汉语说，学生听不懂，用媒介语说，学生可能听懂了，但对教学的帮助不大，还占用了很多时间。最直接的办法就是教师板书声调符号，然后指着声调符号说"声——调——"，重复两遍，接着示范朗读，让学生跟读，学生自然就知道现在练的是声调。教师也可以固定使用一些课堂用语，如"我读，你们听。""跟我读。"刚开始可以加上动作的提示或必要的翻译，随着使用次数的增加，学生就能逐渐听懂这些用语了。本书第十二章第一节和第二节的课堂教学设计举例中展示了教学语言的运用，需要时可去查阅。

到了中高级阶段，学生的汉语水平越来越高，教师可以适当使用一些提示或总结性的教学语言，这本身也是对学生汉语水平的一种训练。但这时候同样需要考虑学生的既有水平，要确保学生能明白。

第二节

语音错误的纠正

王敏老师在上一节声母教学课。有几个学生对声母"x"的发音有问题，王敏用了各种方法帮学生纠正，其他学生很快就纠正过来了，可是有一个女生纠正很多次都不行，王敏就走到她跟前认真示范，让她观察口形、把手指伸进嘴里辅助练习，等等。三分钟过去了，这个学生的发音还是不够理想。这时，王老师注意到，其他学生都在看着等着，这个女生也有点着急了，在这种情况下，王老师应该怎么办呢？

学生的语音错误一定要纠正吗？

语言是人类最重要的交际工具，语音是语言的物质外壳，是语言三大要素之一，是人们借助语言进行交际的一个主要凭借。可以说，没有语音，就没有语言。

语音的重要性决定了语音教学的重要性。人类的交际主要是通过表达即说话来完成的，一个人的语音面貌即语音是否标准往往决定着他与人沟通交流的成效。我们都有这样的体会，和一个普通话不标准的方言区的人或外国人交流时，感觉特别吃力甚至是苦恼，因为你可能听了半天也不知其所云。同样地，如果自己的语音不标准，别人很难听懂你说的话，这对自己来说也是一件很苦恼的事情。

对于包括汉语在内的任何第二语言教学，语音都是特别重要的，是首要的教学内容。很多从事第二语言教学的研究者都专门论述过语音教学的重要性。何平（1998）曾用一个比喻形象地说明了语音教学在对外汉语教学中举足轻重的地位，他认为：语音教学的效果犹如一枚印章深深地刻印在学生身上，跟随并影响着学生使用汉语的今天和明天。

因为语音很重要，所以标准的发音就是教师和学生的共同目标。因此，教学中遇到语音错误应想办法帮助学生纠正，特别是对于比较明显的严重影响交际的语音错误。但是也有一些特殊情况，比如有的学生费了九牛二虎之力还是发不出某个音，而这个音又不影响交际，比如发j、q、x时舌头靠前发成尖音，对这种情况教师可以宽容对待。

纠正学生的语音错误要注意什么问题?

1. 纠正的时机

在独立的语音阶段和专门的语音课上，对学生应严格要求，有错必纠，特别是在一个新的语音项目的初次学练阶段更应如此。这时纠正错误基本上是发现即纠，即纠即练，以达到熟练程度。

在语音阶段之后及不同课型的教学中，当语音教学不是专门的教学目标和教学任务时，语音错误的纠正要服从于主要目标任务。词汇学习阶段，为了让学生以正确的发音学会词语，出现语音错误可以马上纠正。课文朗读环节也是如此。如果教学任务是练习词汇、语法的运用，就要等学生一句话或一段话说完之后再纠正语音错误，不能中间打断学生。回答问题或自由表达环节也要在学生表达结束后再总结纠正语音，如果中间打断，会影响学生的思路和情绪。

2. 纠正方式

（1）课上逐一纠正

一般的语音错误可以在课上发现时逐一纠正。比如，教练声母时，让学生轮流发音，对每个学生出现的错误加以纠正，再让他模仿练习。

（2）集中专门纠正

对于很多学生都有的某些系统性的语音错误，可以专门深入地讲解并集中练习纠正。比如，大部分学生分不清平舌音和翘舌音，教师可以专门安排一段时间或一节课，先借助发音部位图，用手势演示、带音等方法让学生逐个练习发音，再提供一些包含这些声母的音节、词语等让学生集中强化练习。

（3）课下单独辅导

教学中有时会出现这样的情况：某个学生很努力，但对某个音就是难以正确发出。这时候如果教师坚持反复纠正不仅影响教学气氛和进度，更会给其学习心理造成负面影响，使其产生焦虑情绪，影响学习的兴趣和信心。对于这类学生，教师可以课下单独辅导。拿本节开头案例中王老师遇到的情况来说，在当时的情况下，王老师应该马上停止对该学生的纠音，不露痕迹地转入下一阶段的教学任务，然后在课下找合适的时间帮助学生纠正练习。

第三节

语音练习的编写

马慧是一名新手教师，她发现大部分学生在发声母“r”时有问题，就想专门编写一个有关“r”的语音练习。下面是她编的练习：

（1）rēn—rén—rěn—rèn

（2）rāng—ráng—rǎng—ràng

（3）rēng—réng—rěng—rèng

她让学生用带有“r”的音节唱读声调，她认为这样既练习了声母“r”，又练习了韵母和声调，一举多得。有的学生读“rēn”、“rěng”、“rèng”这些音节时有错误，她还用心帮学生纠正。

马慧老师的这个练习设计和安排有没有什么可以改进的地方？

什么样的语音练习是好练习？

语音练习是为了提高学生的语音能力。语音能力包括听辨和发音两个方面，所以，语音练习首先要能训练并提高学生的语音听辨和发音能力。**好练习应该是最能训练学生的听辨和发音能力的**。比如，这里有两组音节：（1）luàn—làn，（2）téng—zhàn，不管是听辨练习如“听录音选出听到的音节”，还是发音练习如“读音节”，（1）都比（2）要好，因为（1）的两个音节具有相似性，更能考察和锻炼学习者的辨音能力。

语音是语言的物质外壳，它必须以具体的词和句子为载体，学练语音的最终目的是用标准的语音通过有意义的词和句子去和别人进行交际。所以，在设计语音练习时，那些本身就是语言中真实存在的有意义的语音材料对学习者的帮助更大。**好练习应该是语言中真实存在的有意义的语音材料**。比如，这里有两组声调练习：（1）luǎn—luàn，（2）nuǎn—nuàn，比较起来，（1）比（2）要好，应优先选择（1）作为练习材料，因为（2）中的nuàn是汉语普通话中根本不存在的音节，让学生花时间去练一个不存在的音节不如把时间用在练习语言中真实存在的有意义的音节上。本节案例中马老师设计的练习就有这样的问题，其中“rēn”、“rěng”、“rèng”都是汉语中不存在的音节，她还专门花时间让学生去训练。如果马老师能事先考虑到这一点，把时间花在练习其他有意义的音节上，效果会更好。本书的附录二《普通话音节声韵调配合总表》可供教师查阅。一般来说，教师在选择某个音节作为练习材料时，应首先想一下自己是不是能马上想到该音节所代表的常用字，如果能想到，就可以用，如果很难想到，就要慎用或查阅确定后再用。

语言中真实存在的有意义的音节必须和具体的字词句联系起来才能表达确切真实的意义，才能完成具体有效的交际。因此，在语音练习时，如果能同时让学生伴随性地学习一些常用的字词和句子，那就不仅练习了语音，还有助于学生交际能力的提高。当然，这种伴随性学习必须以首先完成语音练习为目的，否则就只能是纯粹的词句练习而不是语音练习了。**好练习应该能**

让学生伴随性地学习常用的字词和句子。汉语中同一个音节往往有很多汉字，如果要在语音练习中呈现汉字，就要选择常用的简单的汉字首先呈现，这样可以让学生在练习语音时顺便学习常用字词。举个例子，在练习音节yú时，“鱼、于、余、虞、渔、娱”这些字中，选哪个合适呢？大多数教师都会选“鱼”，因为这个字意义明确，易学易记，也比较常用。音节连读和连读音变的练习通常和词汇紧密联系在一起，语调和语气的练习通常和句子联系在一起。在设计有关词语和句子的语音练习时，同样要考虑体现常用及有利于交际的因素。比如，这里有练习轻声的两组词：（1）朋友、漂亮、告诉，（2）合同、委屈、粮食，比较起来，（1）比（2）要好，应优先选择（1）作为练习材料，因为（1）中的词语是更常用的，练习这些词语的发音对学生的实际应用和交际帮助更大。

编写语音练习时应该注意哪些问题?

1. **突出典型差别**

语音的听辨和发音只有在具有差别时才能突显出来，因此很多语音练习都是针对某个典型的语音特征的对比，最小对比对即只有一项语音特征不同的对比练习最能突出典型差别，这一典型差别也常常是语音练习的目标，这种对比练习在语音练习中也最常见。比如，针对声母b — p的对比，可以设计如下练习：（1）b — p，（2）棒 — 胖，（3）你真棒！ — 你真胖！这一练习从音素到音节到句子，通过典型环境突出典型差别，最终在有意义的语流中练习目标音。

2. **兼顾其他学习效益**

如果把学习和练习比喻成生产投入的话，语音练习的首要效益就是获得语音能力，但是语音和其他语言要素密不可分，在练习语音的同时，如果能够兼顾帮助学习者提高相关的语言能力，就很值得教师和教材编者努力设计并力争实现了。选取语言中真实存在的音节，选取常用的字词和句子让学生能够伴随性学习，这些做法其实都是一种兼顾。除此之外，兼顾也应该考虑学生的学习兴趣和教学阶段的特点。比如，学生对水果类词语感兴趣，就把语音练习和水果类词语结合起来，用水果类词语练习连调模式，如用“水果、草莓”练习三声变调，用“葡萄、橙子”练习轻声。再比如，学生学了一段时间汉语以后，教师可以把这一阶段学习的词语和句子按照语音训练的要求进行分类，并强化练习，这样的语音练习既训练了语音，又起到了复习词句的作用。比如，前文提到的两组轻声词：（1）朋友、漂亮、告诉，（2）合同、委屈、粮食，单纯地从字词句的常用度来看，（1）更好，但这些词的教学一般发生在初级阶段。如果是在中高级阶段的专项语音练习，而学生已经学过或将要学习“合同、委屈、粮食”三个词，（2）就比（1）更好，因为它兼顾了学生伴随性复习或学习当前目标词语的效益。

第四节

语音活动的设计

黄潇潇老师准备给学生上声母复习课。为了活跃课堂气氛，她模仿中国小学生学习声母的方法设计了一个互动活动。她准备了一些形象化的图片如雨伞把、拱形的城门、拿着鞭子的牧童、吐丝的蚕、切开的西瓜等，另外准备了一些声母卡片t、n、l、s、x等。活动规则是随机把图片和卡片发给学生，让拿图片的学生想出和自己所拿图片字形相似的声母，进而找到拿相应声母卡片的同学。

黄老师的这个互动活动设计得怎么样？活动对语音练习有什么帮助？有没有值得改进的地方？

语音互动活动是必需的吗？

传统的机械练习通常是给学生一定的刺激，让学生对刺激做出反应，通过这种刺激—反应过程检验学生的掌握程度并帮助学生练习和提高。这样的练习很有必要，但有时可能会让学生产生疲劳感，失去学习兴趣。

互动活动能够克服机械练习的弊端，让学生通过互动和参与达到练习的目的，同时可以活跃课堂气氛，激发学生的兴趣和积极性。但是互动活动的设计和实施都比机械练习要难得多，教师首先要花费时间做准备，在实施过程中如果操作控制不好，又可能让活动流于形式，无法实现教学目标。

在语音教学中是否需要组织互动活动取决于学习者的年龄、国别和教学目标等。对于那些内在动机很强又不喜欢热闹互动的学习者如年龄较大的日本和韩国学生，可能就不适合采用互动活动。对于年龄较小、喜欢游戏、学习动机不强的学习者，合适的互动活动可以对教学和学习起到积极的促进作用。

设计组织语音互动活动时应该注意什么？

1. 趣味性和参与性

传统的课堂练习形式通常比较机械枯燥，学生的积极性和主动性不高，互动活动正是为了克服这一不足而实施的，所以一定要有趣味性。这种趣味性是指活动内容很有趣或活动形式很有趣。活动要能够实现学生之间或者学生与教师之间充分有效的互动，并要保证全体成员都能参与进来。全体学生都应是课堂的“主人”和活动的参与者，不能出现课堂的“客人”和活动的观望者。

2. 针对性

互动活动是经过改造的练习，每个活动都要有明确的练习目标。语音的互动活动首先是针对某个语音项目的。这个语音项目可以是单个的音素如单韵母、复韵母、声母等，也可以是某一类语音内容，如声调、韵母、轻声等。总之，一定要有针对性地围绕某个语音目标设计和实施活动。除非极特别的情况，一般不要组织跟语音学练完全无关的活动，因为这是对教学时间的一种浪费。

3. 有效性

语音活动的目标是提高学生的语音能力，而听辨和发音能力是语音能力的重要组成部分，所以语音互动活动要以提高学生的语音听辨能力或发音能力为目标，或者在一个活动中既训练听辨能力又训练发音能力。比如，这里有两个活动：（1）给学生一些声母卡片，让学生涂上自己喜欢的颜色；（2）给学生一些声母卡片，教师读一个声母，并出示一种颜色卡片，让学生把听到的这个声母涂上相应的颜色。哪个活动对教学更有效呢？当然是（2），因为它训练了学生的听辨能力，而活动（1）只让学生感受了声母的字形，没有涉及听音或发音。活动（2）中可以再增加一个环节：学生听教师发音涂上颜色后，教师再拿出一张颜色卡片，让学生读出手中和该颜色一样的声母卡片的发音。这样做就更进了一步，因为同时又训练了学生的发音能力。所以，语音互动活动不能为了活动而活动，一定要能有效地训练学生的听辨和发音能力。

本节开头案例中的黄老师设计的互动活动只进行了一个环节，就是让学生把图片和声母卡片配对，这个环节只训练了学生对声母字形的辨认能力，对语音能力的训练来说显然是不够的。在活动环节的设计上，黄老师可以先让拿声母卡片的学生读出自己手上的声母，然后让持有和该声母字形相同的卡片的学生举起图形卡片，这时持有声母卡片的学生练习的是发音，持有图形卡片的学生练习的是辨音；也可以反过来，让持有图形卡片的学生读出和自己所拿图形字形相似的声母的发音，让持有该声母卡片的学生举起声母卡片；也可以教师或一个学生发音，让持有该声母卡片和相似图形卡片的学生一起举起卡片。在这几种活动形式中，教师可根据情况随时要求全班学生一起唱读卡片上的发音。总之，要把握一个原则，语音互动活动必须要训练学生的语音听辨和发音能力，这样才能保证语音互动活动的有效性。

思考

1. 入门及初级阶段的语音教学如何处理教学语言问题？
2. 纠正学生的语音错误要注意什么问题？
3. 什么样的语音练习是好练习？编写语音练习应该注意哪些问题？
4. 设计组织语音互动活动应该注意什么？

测 验

分析应用

假设学生已经学了声调和单韵母，本节课语音教学的目标是学习声母z、c、s和zh、ch、sh、r。请你：

1. 设计一个总体教学过程，注意突出教学方法的运用。
2. 编写能够达到本节课教学目标的语音练习。
3. 设计一个针对本节课语音目标的互动活动。

第十二章

语音课堂教学设计举例

导 读

本章从不同的角度列举语音课堂教学设计的例子，这些设计也许并不是唯一完美的方案，但希望这些案例可以给教师一些启发，融会贯通语音教学的相关理念，设计出自己的合理有效的语音教学方案。

第一节

声调课堂教学示例

本节介绍对零起点学习者的第一节语音课，教学顺序为第一声→第四声→第二声→第三声。下面以实录的方式记录教师的课堂教学过程，重点关注教学环节的设计和教师教学语言的运用。

导入

板书：

师：我们——学习——声调——（语速要慢，一个词一个词地说）

声——调——（板书后再强调一遍，语速慢）

第一声教学

板书：

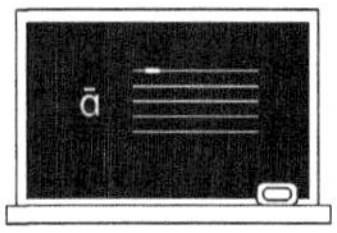

（有条件时可以用挂图或视频课件代替）

师：我——读——（边说边做手势：先指着自己胸口，然后指着自己的嘴）

你们——听——（边说边做手势：先指着学生们，然后指着自己的耳朵）

ā——ā——ā——

你们——跟——我——读——（边说边做手势：先指着学生们，然后指着自己的嘴，可用学生母语或媒介语翻译辅助教学）

ā——

生：ā——

师：ā——

生：ā——

……

师：（齐读几遍后，走到一个学生面前）请——你——读——（边说边做手势：先指着该学生，然后指着自己的嘴，可用学生母语或媒介语翻译辅助教学）

生1：ā——

师：（走到另一个学生面前，做出请他/她读的手势）

生2：ā——

（教师依次示意每个学生读）

生3：á——（有学生有偏误，读的像二声）

师：不是á（读时用手画出上扬的手势，然后摇头或摆手），不对，你听（指着耳朵），ā——（读时用手画一个一声的平直的手势，读后用手势示意该学生跟着读）

生3：ā——

师：ā——

生3：ā——

（多巩固几次，直到该学生基本读对，然后示意下一个学生读）

生4：ā——（可能读成，[44]、[33]或[34]，调值不够高）

师：不是ā（用手在五线谱上3度或4度处指出相应的调值，然后摇头或摆手），不对，你听（指着耳朵），ā——（读时用手在5度线上画调型，读后用手势示意该学生跟着读）

生4：ā——（读得还不够高）

师：你们——听——（边说边做手势：先指着学生们，然后指着自己的耳朵）

1—2—3—4—5，5—5—（唱音阶：do—ri—mi—fa—so，so—so—），ā——（让学生跟读）

生4：ā——

（多巩固几次，直到基本读对，然后示意下一个学生读，依次读下去，

直到每个学生都读一遍）

师：你们——跟——我——读——（边说边做手势：先指着学生们，然后指着自己的嘴，可用学生母语或媒介语翻译辅助教学）

ā——（教师再领读几遍巩固巩固）

生：ā——

教师给学生展示如下练习，可写在一张大纸上，然后贴在黑板上或墙上，也可以用PPT展示，这样便于教师指示要练习的内容，学生可以直观地看到。

1. ā—āā—āāā—āāāā

2. āāā—āāā—āā—āā—āāā

3. āāā—āāāāā—āāā—āā—āāāāā

4. āāā—āāā—āāāā—āāāāā—āā—āā—āāā—āāāāā

5. āāā—āāā—āāāā—āāāā—āāā—āāā—āā—āā—āāā

师：你们——听——（边说边做手势：先指着学生们，然后指着自己的耳朵）

（指着练习1）ā——

你们——读——（边说边做手势：先指着学生们，然后指着自己的嘴）

生：ā——

师：āā——

生：āā——

师：āāā——

生：āāā——

师：āāāā——

生：āāāā——

学生齐读、轮读交替进行，每题依次练习，发生偏误时教师应适当纠正。对读得比较好的学生，教师可以用眼神、手势如竖起大拇指或说“good”等给予表扬和鼓励。

第四声教学

学生做完第一声练习以后，开始学习第四声。

师：ā——（边读边指着黑板上的ā），一声——（语速慢，边说边用手画出一声的调型）

板书：

（注意留出二声和三声的位置）

师：à——（边说边板书）

四——声——（语速慢，边说边用手画出四声的调型）

师：我——读——（边说边做手势：先指着自己胸口，然后指着自己的嘴）

你们——听——（边说边做手势：先指着学生们，然后指着自己的耳朵）

à——à——à——

你们——跟——我——读——（边说边做手势：先指着学生们，然后指着自己的嘴，可用学生母语或媒介语翻译辅助教学）

à——

生：à——

其他内容和ā的教学方法类似，通过齐读、轮读或分组读等形式，让每个学生都练习到，并注意及时纠正明显的偏误。

由于是刚开始学，教师要尽量简化教学语言，并逐渐使教学语言或教学步骤程式化，同时多借助态势语，以便于学生理解，从而确保把时间和精力放在教学目标上。

第二声、第三声教学类同（略）

复习巩固

1. 互动活动

四个声调都学完以后，通过互动活动复习巩固。

师：（拿出四张卡片，分别写着ā、á、ǎ、à。出示ā，自己张大嘴但不出声，用手指着学生们，示意他们读。）

生：ā——

用以上的方法先按1→4→2→3的顺序练一遍，然后再按1→2→3→4的顺序练一遍，然后再打乱顺序随机练习。接下来，教师为每个学生发四张卡片，分别写着ā、á、ǎ、à。

师：à——（读后把自己手里的卡片à举出来，然后指着学生们，示意他们也举出卡片à）

ā——（做出疑问的表情，并用手势示意学生们举出相应的卡片，如果有学生还不明白，教师可以走下去，把其中一个学生的卡片举出来，让其他学生模仿）

按此方法反复练习，次数由教师视情况而定。然后教师请一个学生站在讲台上，教师面向这个学生站在讲台与其他同学之间。

师：（面对讲台上的学生，出示ǎ，自己张大嘴但不出声，用手指着该学生，示意他读。）

生：ǎ。

讲台上的学生发音后，教师转回头做出举卡片的手势，示意其他学生举起听到的音的卡片。然后教师出示自己手中刚才给讲台上学生看的卡片和大家的对比，如果完全一致，鼓掌通过。如果有不一样的，教师请讲台上的学生再读一遍，如果是他读得不正确，教师要及时纠正，并请他跟读正确的发音，然后再请其他学生举卡片。对于举错的学生，教师可走到其跟前，读出他举的卡片上的音，如ā，然后再读ǎ，让其对比体会，也可让他跟读或大家一起跟读。

活动按此程序进行，可以适时变换在讲台上的学生，也可以选一个学生担任教师刚才的角色，选择并出示目标音。教师控制活动的节奏和时间。活动结束，示意学生回座位，并用微笑或鼓掌表示感谢，也可用汉语说“谢谢”，再用学生母语或媒介语翻译一下。

2. 综合练习

上面的活动结束后，教师出示下面的听读材料，也可以提前复印并发给每个学生一份，也可写在黑板上或用PPT展示。

1. ā—ā—ā—ā
2. à—à—à—à
3. á—á—á—á
4. ǎ—ǎ—ǎ—ǎ
5. ā—à—á—ǎ　ā—à—á—ǎ　ā—à—á—ǎ
6. āā—āá—āǎ—āà
7. àā—àá—àǎ—àà
8. áā—áá—áǎ—áà
9. ā—á—ǎ—à　ā—á—ǎ—à　ā—á—ǎ—à
10. āāā—ààà—ááá—ǎǎǎ—āāā—ááá—ǎǎǎ—ààà

师：你们——听——（边说边做手势：先指着学生们，然后指着自己的耳朵）

（指着练习1）ā—ā—ā—ā

你们——读——（边说边做手势：先指着学生们，然后指着自己的嘴）

生：ā—ā—ā—ā

教师依次领读，最好边读边指着相应的内容，根据需要灵活决定朗读的遍数。然后学生齐读、轮读、分组读，每题依次练习，发生偏误时教师应适当纠正，并注意表扬和鼓励。

测验1

听读材料练完以后，教师出示如下测验，可以发给学生，但最好同时用PPT展示或打印在一张大纸上并贴在黑板上。

一、听录音，选出你听到的拼音。

1. ā á	2. à á	3. á ǎ	4. à ǎ	5. ā à
6. ā ǎ	7. á à	8. ǎ à	9. á ā	10. ǎ á

二、听录音，判断听到的和看到的是否一致。

1. ā	2. ǎ	3. á	4. à	5. á
6. ǎ	7. à	8. ā	9. á	10. ǎ

三、听录音，用手势表示出你听到的声调。

四、听录音，判断每组中听到的两个声调是否一致，一致画“√”，不一致画“×”。

1.	2.	3.	4.	5.
6.	7.	8.	9.	10.

录音文本和答案如下。

一、听录音，选出你听到的拼音。

录音文本和答案：

1. ā	2. à	3. á	4. ǎ	5. à
6. ǎ	7. á	8. ǎ	9. ā	10. á

二、听录音，判断听到的和看到的是否一致。

录音文本：

1. ā	2. á	3. ā	4. à	5. ǎ
6. à	7. á	8. ā	9. á	10. ǎ

答案：

1. √	2. ×	3. ×	4. √	5. ×
6. ×	7. ×	8. √	9. √	10. √

三、听录音，用手势表示出你听到的声调。

录音文本：

1. ā	2. á	3. ǎ	4. à	5. ǎ
6. á	7. à	8. ā	9. á	10. ǎ

四、听录音，判断每组中听到的两个声调是否一致，一致画“√”，不一致画“×”。

录音文本：

1. ā—ā	2. á—á	3. ā—á	4. á—à	5. à—à
6. à—á	7. á—ǎ	8. ā—ǎ	9. á—ā	10. ǎ—ǎ

答案：

1. √	2. √	3. ×	4. ×	5. √
6. ×	7. ×	8. ×	9. ×	10. √

师：测——验——（指着测验1，语速慢，可用学生母语或媒介语翻译）

师：（指着第一题的1）ā——（读后举出ā的卡片，示意学生们也举出ā的卡片，然后在展示的测验题中ā上画圈或钩表示答案，目的是起示范作用，告诉学生怎么做测验）

随后一题一题地做，让学生举卡片出示答案，可以所有学生一起举，也可以用手示意某个学生单独举。教师可以自己读，第一题全部做完以后再完整读一遍，让学生再听一遍。

师：（指着第二题的1）ā——（读后画√，表示一致，可以在展示的测验题上画，也可以用手势画）

师：（指着第二题的2）á——（读后画×，表示不一致，可以在展示的测验题上画，也可以用手势画）

随后一题一题地做，可以让学生用手势画√或×表示答案，本题最好让学生单个回答，便于反馈纠正。第二题全部做完以后，教师再完整读一遍，让学生再听一遍。

师：（指着第三题的1）ā——（读后用手势画出调型符号）

随后一题一题地做，可以让学生单个轮流用手势回答。第三题全部做完以后，教师再完整读一遍或再放一遍录音，让学生再听一遍。

师：（指着第四题的1）ā——ā——（读后画√，可以在展示的测验题上画，
也可以用手势画）

随后一题一题地做，让学生依次回答，用手势画√或×表示答案。第四题全部做完以后教师再完整读一遍或再放一遍录音，让学生再听一遍。

对于测验1，教师一题一题带着学生做，主要起示范作用，让学生知道怎样完成测验题。

测验2

测验1做完以后，教师发给学生测验2的活页。

一、听录音，说出你听到的是第几声。

二、听录音，写下你听到的声调，用声调符号“ˉ ˊ ˇ ˋ”表示。

1.	2.	3.	4.	5.
6.	7.	8.	9.	10.

三、听录音，写下每组中不同的声调。

1.	2.	3.	4.	5.

四、听录音，按顺序写出每组的声调。

1.	2.	3.	4.	5.

录音文本和答案如下。

一、听录音，说出你听到的是第几声。

录音文本：

1. ā	2. à	3. á	4. ǎ	5. ǎ
6. á	7. à	8. ā	9. ǎ	10. á

二、听录音，写下你听到的声调，用声调符号“ˉ ˊ ˇ ˋ”表示。

录音文本：

1. ā	2. ǎ	3. á	4. à	5. à
6. á	7. ǎ	8. ā	9. á	10. ǎ

答案：

1. ˉ	2. ˇ	3. ˊ	4. ˋ	5. ˋ
6. ˊ	7. ˇ	8. ˉ	9. ˊ	10. ˇ

三、听录音，写下每组中不同的声调。

录音文本：

1. ā—á—ā	2. á—á—à	3. ā—á—á	4. ǎ—à—à	5. á—ǎ—ǎ

答案：

1. ˊ	2. ˋ	3. ˉ	4. ˇ	5. ˊ

四、听录音，按顺序写出每组的声调。

录音文本：

1. ǎ—ā—á—à	2. ā—á—ǎ—à	3. ā—à—á—ǎ	4. à—ā—á—ǎ	5. ā—ǎ—á—à

答案：

1. ˇ ˉ ˊ ˋ	2. ˉ ˊ ˇ ˋ	3. ˉ ˋ ˊ ˇ	4. ˋ ˉ ˊ ˇ	5. ˉ ˇ ˊ ˋ

师：你们——自己（用手指着学生们）做——（用手做出写字的手势，语速慢，可以用学生母语或媒介语翻译）

随后开始放录音，学生答题，教师巡视检查，对学生的问题给予必要的指导。学生做完以后，同桌互相交换测验活页，然后教师再播放一遍录音，边听边给出正确答案，让学生互相批改，教师巡视抽查，对全部做对的学生给予鼓励和表扬。根据实际需要和教学时间，测验也可以作为作业让学生课下完成。

总 结

师：我们——学习了——声调——（语速慢，边说边指着板书“声调”）

声——调——

ā—à—á—ǎ（边读边指出板书的相应的音）

ā——一声（边说边指着板书的相应的音，用手势模仿出调型符号）

á——二声

ǎ——三声

à——四声

你们——读——（边说边做手势：先指着学生们，然后指着自己的嘴）

生：ā—à—á—ǎ，ā—á—ǎ—à（教师按顺序指相应的音让学生读）

师：一声（用手画出一声的调型符号，然后示意学生读）

生：ā——

师：二声（用手画出二声的调型符号，然后示意学生读）

生：á——

师：三声（用手画出三声的调型符号，然后示意学生读）

生：ǎ——

师：四声（用手画出四声的调型符号，然后示意学生读）

生：à——

师：很好——（用赞许的表情伸出大拇指，可用学生母语或媒介语翻译）

我们——下课（休息）——（语速慢，多说两遍，配翻译）

第二节

韵母复习及隔音规则教学示例

本节介绍一节韵母复习课的案例，在复习的基础上介绍零声母音节的拼写及隔音规则，重点关注板书设计及教师的引导方式。

教学目标

1. 复习普通话韵母，要求学生熟练、准确地认读。

2. 理解隔音规则的运用，能够准确认读零声母音节，特别是y、w开头的零声母音节。

教学过程

一、复习单韵母

教师按如下顺序板书单韵母，然后让学生认读，教师纠音，必要时可反复领读，让学生跟读。

	a	o	e	er
i				
u				
ü				

二、复习复韵母

教师按四呼逐类板书复韵母，每板书完一类就让学生认读，教师纠音，必要时可反复领读，让学生跟读。

1. 板书开口呼类韵母，让学生认读，教师纠音。①注意：不要使用“开口呼”这一术语，下同。板书时注意黑板布局，韵母四呼不要占满整块黑板，要在旁边留出一部分空白备用。

	a	o	e	er	ai	ei	ao	ou	an	en	ang	eng	ong
i													
u													
ü													

2. 板书齐齿呼，让学生认读，教师纠音。

	a	o	e	er	ai	ei	ao	ou	an	en	ang	eng	ong
i	ia		ie				iao	iou	ian	in	iang	ing	iong
u													
ü													

3. 板书合口呼，让学生认读，教师纠音。

	a	o	e	er	ai	ei	ao	ou	an	en	ang	eng	ong
i	ia		ie				iao	iou	ian	in	iang	ing	iong
u	ua	uo			uai	uei			uan	uen	uang	ueng	
ü													

① 为方便后面介绍隔音规则，这里把“ong”和“iong”按照字母形式归为开口呼和齐齿呼，与《汉语拼音方案》相同。但从实际的发音来看，“ong”应为合口呼，“iong”应为撮口呼。

4. 板书撮口呼，让学生认读，教师纠音。

	a	o	e	er	ai	ei	ao	ou	an	en	ang	eng	ong
i	ia		ie				iao	iou	ian	in	iang	ing	iong
u	ua	uo			uai	uei			uan	uen	uang	ueng	
ü			üe						üan	ün			

全部韵母板书完毕后，可让学生按横行、竖行认读韵母，教师注意纠音。然后随机指韵母，让学生认读，可以全体学生一起认读，也可以提问学生个别认读。

三、介绍隔音规则，认读零声母音节

（一）隔音符号’

1. 板书下列音节，让学生认读，必要时可先领读。这些音节板书在留出备用的空白部分，其中ei没有零声母音节，eng的零声母音节不常用，所以这里没有涉及。

ā　ò　é　ér　ài　ǎo　ǒu　ān　ēn　áng

2. 板书下列音节，让学生认读，必要时可先领读。

ā	ò	é	ér	ài	ǎo	ǒu	ān	ēn	áng
bā	pò	dé		hài	kǎo	lǒu	tān	zhēn	máng

让学生观察对比这两类音节的不同，启发学生理解其差别在于有无声母。

师：（用不同颜色的粉笔画出第二行音节中的声母，然后指着这些声母说）声——母——

（然后指着上面一行音节，问学生）声母？（做出疑问的表情）有声母吗？ yes？ no？

（然后摇头，表示没有）声母，no。

3. 板书下列音节，注意：边板书边让学生认读。

（1）先板书ān，让学生读；

（2）在ān前面板书xī，让学生读；

（3）在ān后面板书xī ān，中间稍微留些缝隙，让学生读，可先领读。

板书步骤：

（1）		ān	
（2）	xī	ān	
（3）	xī	ān	xī ān
（4）	xī	ān	xī ān
			xiān
（6）	xī	ān	xī’ān
			xiān

（4）在xī ān下面板书xiān，让学生认读，如果刚才读xī ān时有学生错读成了xiān，更要提示学生注意。

（5）让学生对比xī ān和xiān，一边指着上面的两个音节一边数“1——2——”，伸出两个手指头表示两个音节，然后一边指着下面的音节一边数“1——”，伸出一个手指头表示一个音节。

（6）在刚才的xī ān中间加上隔音符号’，可用不同的颜色以示强调。教师用手先指着隔音符号，再分别指着xī和ān，数“1——2——”，让学生明白是两个音节，再指着xiān，数“1——”，让学生明白是一个音节。

（7）让学生反复认读xī’ān和xiān，直到能够熟练辨读。

（8）展示下列音节，让学生认读，可直接板书，也可用PPT展示。

pí’ǎo	jī’è	qí’àn	jī’áng
shū’àn	tí’àn	shàng’è	kù’ài

（9）总结隔音符号的运用规则。

师：（指着已经板书出来的开口呼的韵母，让学生跟着齐读一遍）

（再指着已经板书出来的开口呼的零声母音节，让学生跟着齐读一遍）

（指着这些音节）声母（摇头），no。

（指着展示的隔音符号例词，先指着每个词中第二个音节）声母（摇头），没有，no。后面after（指着每个词中的第一个音节），后面after，加put on（指着隔音符号，或者用粉笔再描一遍隔音符号）。①

（二）y、w的运用

1. 在黑板空白地方板书a、o、e、i、u，边板书边让学生认读。

2. 回到复习复韵母时按四呼板书的韵母列表，先看i行韵母，和学生一起找出i后面是否有其他元音。

师：（指着i行韵母）i后面，after i，a、o、e、i、u，有吗？ yes？ no？

3. 用不同颜色的粉笔画出i行韵母中i后有其他元音的韵母，可以只画出那个元音，便于学生对比观察。板书如下：

① 如果教师会说学生的母语，可以直接用其母语介绍隔音符号的运用；如果学生都会英语，也可以直接用英语介绍，那样更简单一些。上面的例子是针对教师不会学生母语而学生又不懂太复杂的英语的情况而设计的。

i	ia	ie	iao	iou	ian	in	iang	ing	iong

4. 在这些韵母下面标注：i——→y。

5. 用不同颜色的粉笔板书出这些韵母的零声母音节，让学生认读。

i	ia	ie	iao	iou	ian	in	iang	ing	iong
	↓	↓	↓	↓	↓		↓		↓
	y	y	y	y	y		y		y
	ya	ye	yao	you	yan		yang		yong

6. 教师指读剩下的后面没有其他元音的韵母，在这些韵母前面标注：y+。

7. 用不同颜色的粉笔板书这些韵母的零声母音节，让学生认读。

y+i	ia	ie	iao	iou	ian	y+in	iang	y+ing	iong
	↓	↓	↓	↓	↓		↓		↓
	y	y	y	y	y		y		y
yi	ya	ye	yao	you	yan	yin	yang	ying	yong

8. u行韵母可以用同样方法，先找出u后有其他元音的韵母，标注u——→w，然后再写出相应的零声母音节，再在剩下的前面标注w+，然后再写出零声母音节，让学生认读。

w+u	ua	uo	uai	uei	uan	uen	uang	ueng
	↓	↓	↓	↓	↓	↓	↓	↓
	w	w	w	w	w	w	w	w
wu	wa	wo	wai	wei	wan	wen	wang	weng

9. 教师指着ü行撮口呼的韵母，让学生认读，然后在每一个韵母前标注y+，接着写出相应的零声母音节，并提示学生注意ü上的两点要去掉。

y+ü	y+üe	y+üan	y+ün
yu	yue	yuan	yun

10. 全部介绍完后，可让学生随机认读这些零声母，直至达到熟练程度。

第三节

初级口语课语音教学示例

本节选取初级口语教材的一段材料，结合材料介绍课堂教学设计，主要突出语音教学，其中的思路也可用于不分技能设课时综合课中的语音教学。

教学材料①

（4点30，马克在商店买啤酒。售货员是个喜欢聊天的小伙子。）

马　克：你好，我买啤酒。

售货员：好的。你喜欢喝啤酒，对吗？

马　克：对，酒是好东西。我叫马克，很高兴认识你！

售货员：你叫马克，喜欢喝啤酒。你是德国人，对吗？

马　克：不好意思，我是加拿大人。

1. 售货员	shòuhuòyuán	salesperson
2. 好的	hǎode	OK
3. 酒	jiǔ	wine, spirits
4. 对	duì	right, correct
5. 东西	dōngxi	thing, stuff
6. 不好意思	bùhǎoyìsi	feel embarrassed, sorry

教学设计

这里的例子只涉及语音部分，词汇和语法内容不涉及。

语音教学目标

1. 准确听辨并熟练掌握生词的发音，要求声调准确，能够发出轻声和

① 选自《很好——初级汉语口语1》第3课，刘颂浩、马秀丽、宋海燕、詹成峰编著，北京语言大学出版社，2007年。

半三声；

2. 能模仿恰当的语调语气朗读对话；

3. 学会“我买……”的正确连调读音并能独立运用；

4. 能够正确感知并模仿“……，对吗？↗”的句调。

教学过程

一、词语

1. 让学生听录音，初步感知词语的读音；

2. 教师领读词语，学生跟读三到五遍；

3. 学生轮流朗读词语，教师纠正声母、韵母和声调错误，重点注意以下方面：

（1）含有轻声的词“东西”、“好的”、“不好意思”。教师对此不必过多解释，学生只要会模仿发音即可。如果有学生无法正确发出轻声，教师可用“ā—á—ǎ—à—a”唱声调的方式让学生对比体会轻声又轻又短的特点。

（2）半三声的发音，即“好的”、“不好意思”中的“好”。教师可在字上标注符号↙，提醒学生注意。

4. 学生全部读完以后，教师再领读一到两遍。

二、对话

1. 让学生听录音，初步感知对话；

2. 教师一句一句领读对话，学生模仿跟读两到三遍；

3. 学生一句一句轮读对话，教师纠正发音，重点注意以下方面：

（1）“我买啤酒”的连调模式。

可以把“你好”和“我买”列在一起，用“你好”的连调经验带读“我买”；也可以在“我买啤酒”上标注声调符号，如“Wó mǎi píjiǔ.”

（2）用正确的语调模仿“对吗？↗”。

可标上句调符号，但不用特别说明，关键是教师准确发音，让学生模仿。

（3）正确模仿语句重音，可用重音符号提示，也不用特别讲解，主要让学生模仿。

下面是常用的标注符号，教师可以板书，也可以制作大海报贴在墙上，或者制作成PPT展示。

马　克：你好↘，我买ˈ啤酒↘。

售货员：好的↘。你ˈ喜欢喝啤酒，对吗↗？

马　克：对↘，酒是ˈ好东西↘。我叫ˈ马克↘，很ˈ高兴认识你！↘

售货员：你叫ˈ马克↘，喜欢喝ˈ啤酒↘。你是ˈ德国人↘，对吗↗？

马　克：不好意思↘，我是ˈ加拿大人↘。

4. 教师再领读一到两遍，强化感知。

5. 学生分组朗读或表演对话，完成后教师对其声调和语调等有明显错误的地方给予纠正，纠正时可以结合上面的标注符号作为提示。

6. 每个学生用“我买……”“……，对吗？”自由说句子，注意声调和语调，说完后教师给予反馈和必要的纠正，纠正以教师说、学生重复为主。

参考答案

上篇　知识篇

第一章　语音概说

一、填空

1. 发音器官　表达一定意义
2. 发音能力　辨音能力
3. 音色　音高　音长　音强
4. 音色
5. 动力源　发音体　共鸣器

二、判断

1. ×　2. ×　3. ×　4. √　5. √

三、选择

1. D　2. C　3. B　4. D

第二章　语音分类

一、填空

1. 音质/物理属性　辨义作用/社会属性
2. 元音　辅音　音质音位　非音质音位
3. 舌面元音　舌尖元音　卷舌元音　鼻化元音
4. u
5. 成阻　持阻　除阻
6. 发音部位　发音方法
7. f　上齿　下唇
8. m　n　l　r　ng
9. 对立辨义原则　互补分布原则　语音相似原则
10. 音位　音位变体
11. 字母表　声母表　韵母表　声调符号　隔音符号
12. 辅音音位　元音音位　声调音位

二、判断

1. ×　2. ×　3. ×　4. ×　5. √
6. √　7. ×　8. ×　9. ×　10. ×

三、选择

1. B　2. A　3. D　4. B　5. D

6. C　7. C　8. B　9. C　10. A

第三章　汉语普通话声韵调

一、填空

1. 汉语音节开头的辅音　汉语音节中声母后面的部分
2. 发音部位　舌尖中
3. m　n　l　r
4. 10　13　16
5. n　ng　发音部位　口形
6. 韵头　韵腹　韵尾
7. 开口呼　齐齿呼　合口呼　撮口呼
8. 音节中具有区别意义作用的音高变化
9. 四　[55]　[35]　[214]　[51]
10. 调型　高平调　中升调　降升调　高降调

二、判断

1. ×　2. √　3. ×　4. √　5. ×

6. ×　7. √　8. ×　9. ×　10. √

三、选择

1. D　2. D　3. B　4. D　5. C

6. B　7. C　8. D　9. A　10. B

四、汉字归类

1. 猪—装　死—孙　出—床　寸—从　字—尊
   风—副　难—能　花—黄　来—累
2. 爱—昂—耳　家—强—静　瓜—滚—双　却—军—许
3. 声—书—敲　球—福—船　手—眼—买　卖—电—叫

第四章　汉语普通话音节

一、填空

1. 音位　音节

2. 音节　六　五

3. 声母　韵母　声调

4. 没有声母的音节

5. n　l　　j　q　x

6. iou　uei　uen　　iu　ui　un

7. 单韵母　韵腹（主要元音）　后面的音素上

8. y　w

二、判断

1. ×　2. √　3. ×　4. √　5. ×　6. ×　7. ×　8. ×

三、选择

1. C　2. A　3. C　4. A　5. D　6. B　7. D　8. A

五、给下列词语和句子注音，注意拼写规则。

yù'àn	wūyún	shàng'è	chūnkùn	ái'è	mù'ěr
bìlǜ	qíqū	wěidà	yōuxiù	jiǔshuǐ	yīngxióng
Shànghǎi	Chángchéng	liáotiānr	piàoliang	Kǒngzǐ	Měiguó

Zhè ge xiǎoháir shì Zhāng Xiùyīng lǎoshī de érzi.

Wǒ xià ge yuè yào hé Liú jīnglǐ yìqǐ qù Xī'ān chūchāi.

Wǒ bù zhīdao zhè fú huàr shì shuí huà de.

第五章　汉语普通话语流音变

一、填空

1. 连读变调　轻声　儿化　语气词“啊”的音变

2. 三声变调　“一”的变调　“不”的变调　形容词重叠的变调

3. yī

4. 不　的　子　的　吗

5. na　哪

二、判断

1. √　2. √　3. ×　4. ×　5. ×

三、选择

1. D　2. C　3. B　4. C　5. D

四、朗读

1. 正确读出下列词语，并写出每个词中第一个三声音节的实际调值。

眼［21］睛　　主［35］意　　水［35］果　　好［21］吗

老［21］师　　你［21］的　　法［21］国　　小［35］姐

晚［21］上　　酒［21］吧　　等［35］等　　想［35］法

2. 正确读出下列词语，注意“一”“不”的发音。

bùkěyíshì　　yìjuébúzhèn　　bùjūyìgé　　bùkānyìjī

yìmáobùbá　　yìwénbùzhí　　yìshēngbùxiǎng　　yìsībúguà

yìwénbùmíng　　yìyánbùfā　　bùchéngtǐtǒng　　bùchūsuǒliào

3. 正确读出下列词语，并用汉语拼音注音。

hǎohāor　　gāogāoxìngxìng　　shūshufūfū　　húlihútū

mànmànde / mànmānde　　mànmantēngtēng

zhěngzhěngqíqí / zhěngzhengqīqī　　bièbieniūniū

4. 读句子，给句中画线词语标注拼音。

（1）dìdao

（2）jiānr　jiān

（3）dōngxī　dōngxi

（4）huàr　huà　Lǎozǐ　gū’ér

第六章　汉语普通话语调语气

一、填空

1. 重音　停延　句调

2. 规律重音　逻辑重音

3. 重音　中音　轻音

4. 句际停延　句内停延　逻辑停延

5. 标点符号

6. 高升调　低降调　平直调　曲折调

7. 陈述　疑问　祈使　感叹

8. 的　了　呢　吗　吧　啊

二、判断

1. ×　2. ×　3. √　4. √　5. √

6. √　7. ×　8. √　9. ×

三、选择

1. C　2. D　3. A　4. D　5. C　6. C　7. B　8. D

下篇　教学篇

第七章　汉语语音特点与教学要点

一、判断

1. ×　2. √　3. ×　4. ×

二、选择

1. C　2. B　3. D

第八章　语音教学的原则与方法

一、判断

1. ×　2. √　3. ×　4. √　5. √

第九章　语音教学的整体设计

一、判断

1. √　2. ×　3. √　4. ×

第十章　语音教学常见偏误与对策

一、判断

1. √　2. ×　3. √　4. √　5. √　6. ×

附 录

附录一

汉语拼音方案

（1957年11月1日国务院全体会议第60次会议通过）

（1958年2月11日第一届全国人民代表大会第五次会议批准）

一、字母表

字母 名称	A a ㄚ	B b ㄅㄝ	C c ㄘㄝ	D d ㄉㄝ	E e ㄜ	F f ㄝㄈ	G g ㄍㄝ
	H h ㄏㄚ	I i ㄧ	J j ㄐㄧㄝ	K k ㄎㄝ	L l ㄝㄌ	M m ㄝㄇ	N n ㄋㄝ
	O o ㄛ	P p ㄆㄝ	Q q ㄑㄧㄡ	R r ㄚㄦ	S s ㄝㄙ	T t ㄊㄝ	
	U u ㄨ	V v ㄪㄝ	W w ㄨㄚ	X x ㄒㄧ	Y y ㄧㄚ	Z z ㄗㄝ	

v只用来拼写外来语、少数民族语言和方言。

字母的手写体依照拉丁字母的一般书写习惯。

二、声母表

b ㄅ玻	p ㄆ坡	m ㄇ摸	f ㄈ佛	d ㄉ得	t ㄊ特	n ㄋ讷	l ㄌ勒
g ㄍ哥	k ㄎ科	h ㄏ喝		j ㄐ基	q ㄑ欺	x ㄒ希	
zh ㄓ知	ch ㄔ蚩	sh ㄕ诗	r ㄖ日	z ㄗ资	c ㄘ雌	s ㄙ思	

在给汉字注音的时候，为了使拼式简短，zh、ch、sh可以省作ẑ、ĉ、ŝ。

三、韵母表

	i ㄧ　衣	u ㄨ　乌	ü ㄩ　迂
a ㄚ　啊	ia ㄧㄚ　呀	ua ㄨㄚ　蛙	
o ㄛ　喔		uo ㄨㄛ　窝	
e ㄜ　鹅	ie ㄧㄝ　耶		üe ㄩㄝ　约
ai ㄞ　哀		uai ㄨㄞ　歪	
ei ㄟ　欸		uei ㄨㄟ　威	
ao ㄠ　熬	iao ㄧㄠ　腰		
ou ㄡ　欧	iou ㄧㄡ　忧		
an ㄢ　安	ian ㄧㄢ　烟	uan ㄨㄢ　弯	üan ㄩㄢ　冤
en ㄣ　恩	in ㄧㄣ　因	uen ㄨㄣ　温	ün ㄩㄣ　晕
ang ㄤ　昂	iang ㄧㄤ　央	uang ㄨㄤ　汪	
eng ㄥ　亨的韵母	ing ㄧㄥ　英	ueng ㄨㄥ　翁	
ong （ㄨㄥ）　轰的韵母	iong ㄩㄥ　雍		

（1）“知、蚩、诗、日、资、雌、思”等七个音节的韵母用i，即：知、蚩、诗、日、资、雌、思等字拼作zhi，chi，shi，ri，zi，ci，si。

（2）韵母儿写成er，用作韵尾的时候写成r。例如：“儿童”拼作ertong，“花儿”拼作huar。

（3）韵母ㄝ单用的时候写成ê。

（4）i行的韵母，前面没有声母的时候，写成yi（衣），ya（呀），ye（耶），

yao（腰），you（忧），yan（烟），yin（因），yang（央），ying（英），yong（雍）。

u行的韵母，前面没有声母的时候，写成wu（乌），wa（蛙），wo（窝），wai（歪），wei（威），wan（弯），wen（温），wang（汪），weng（翁）。

ü行的韵母，前面没有声母的时候，写成yu（迂），yue（约），yuan（冤），yun（晕）；ü上的两点省略。

ü行的韵母跟声母j、q、x拼的时候，写成ju（居），qu（区），xu（虚），ü上两点也省略；但是跟声母n、l拼的时候，仍然写成nü（女），lü（吕）。

（5）iou、uei、uen前面加声母的时候，写成iu、ui、un。例如niu（牛），gui（归），lun（论）。

（6）在给汉字注音的时候，为了使拼式简短，ng可以省作ŋ。

四、声调符号

阴平	阳平	上声	去声
ˉ	ˊ	ˇ	ˋ

声调符号标在音节的主要母音上。轻声不标。例如：

妈mā	麻má	马mǎ	骂mà	吗ma
（阴平）	（阳平）	（上声）	（去声）	（轻声）

五、隔音符号

a，o，e开头的音节连接在其他音节后面的时候，如果音节的界限发生混淆，用隔音符号(’)隔开，例如：pi’ao（皮袄）。

附录二

普通话音节声韵调配合总表

	ø	b	p	m	f	d	t	n	l	g	k	h	j	q	x	zh	ch	sh	r	z	c	s
-i(前)																				134	1234	134
-i(后)																1234	1234	1234 0	4			
a	1234 0	1234 0	124	1234 0	1234 0	1234 0	134	1234 0	1234 0	1234	13	1234				1234 0	1234	1234		123	13	134
o	1234	1234 0	1234 0	1234	2				0													
e	1234 0			0		12 0	4 0	24 0	14 0	1234	1234	124				1234 0	134	1234	34	24	4	4
er	234																					
ai	1234	1234 0	1234	234		134	1234	34	24 0	134	134	1234				1234	1234	134		134	1234	14
ei		134 0	124	234	1234	13	1	34	1234 0	3	1	1				4		2		2	4	
ao	1234	1234	1234	1234		1234	1234	1234	1234	134	134	1234				1234	1234	1234	234	1234	1234	134
ou	1234		123	123	3	134	1234	4	1234 0	134	134	1234				1234	1234	1234	24	134	4	134
an	134	134	124	1234	1234	134	1234	1234	234	134	134	1234				134	1234	134	23	1234 0	1234	134
en	14	134	124	124 0	1234	4		4		1234	34	234				134	1234 0	1234	234	34	12	1

续表

	ø	b	p	m	f	d	t	n	l	g	k	h	j	q	x	zh	ch	sh	r	z	c	s
ang	124	134	1234	123	1234	134	1234	1234	1234	134	124	124				134	1234	134 0	1234	134	12	134
eng	1	1234	1234	1234	1234	134	12	2	1234	134	1	124				134	1234	1234	12	14	124	1
i	1234	1234	1234	1234		1234	1234	1234	1234 0				1234	1234	1234							
ia	1234 0					3			3				1234	1234	124							
ie	1234	1234	134	14		12	134	124	134 0				1234 0	1234	1234							
iao	1234	134	1234	1234		134	1234	34	1234				1234	1234	1234							
iou	1234			4		1		1234	1234				134 0	123	134							
ian	1234	134	1234	234		134	1234	1234	234				134	1234	1234							
in	1234	14	1234	23				2	1234				134	1234	1234							
iang	1234							24	234				134	1234	1234							
ing	1234	134	12	234		134	1234	234	234				134	1234	1234							
u	1234	1234	1234	234	1234	1234	1234	234	1234 0	134	134	1234				1234	1234	1234	234	123	124	124
ua	1234 0									134	134	124				13	1	134	2			
uo	134					1234	1234	24	1234 0	1234	4	1234				12	14	14	24	1234	1234	13
uai	134									134	34	24 0				134	1234	134				

续表

	ø	b	p	m	f	d	t	n	l	g	k	h	j	q	x	zh	ch	sh	r	z	c	s
uei	1234					14	1234			134	1234	1234				14	12	234	234	134	134	1234
uan	1234					134	1234	3	234	134	13	1234				134	1234	14	23	134	124	14
uen	1234					134	1234	2	1234	34	134	124				13	123	34	24	134	1234	13
uang	1234									134	1234	1234				134	1234	13				
ong						134	1234	24	1234	134	134	1234				134	1234		23	134	12	1234
ueng	134																					
ü	1234							34	234				1234	1234 0	1234 0							
üe	134							4	4				1234	124	1234							
üan	1234												134	1234	1234							
ün	1234												14	12	124							
iong	1234												13	2	124							

说明：

1. 空格表示普通话中无对应音节。
2. ø表示零声母音节。
3. 数字1、2、3、4分别表示第一声、第二声、第三声和第四声，0表示轻声音节。
4. 普通话中还有一个特别的复元音韵母io，只有零声母音节形式yo，作为语气词使用，上表未列。

附录三

汉语拼音正词法基本规则

GB/T 16159—2012

1. 范围

本标准规定了用《汉语拼音方案》拼写现代汉语的规则。内容包括分词连写规则、人名地名拼写规则、大写规则、标调规则、移行规则、标点符号使用规则等。为了适应特殊的需要，同时规定了一些变通规则。

本标准适用于文化教育、编辑出版、中文信息处理及其他方面的汉语拼音拼写。

2. 规范性引用文件

下列文件对于本文件的应用是必不可少的。凡是注日期的引用文件，仅注日期的版本适用于本文件。凡是不注日期的引用文件，其最新版本（包括所有的修改单）适用于本文件。

GB/T 15834　标点符号用法

GB/T 28039　中国人名汉语拼音字母拼写规则

《汉语拼音方案》（1958年2月11日第一届全国人民代表大会第五次会议批准）

《中国地名汉语拼音字母拼写规则（汉语地名部分）》（1984年12月25日中国地名委员会、中国文字改革委员会、国家测绘局发布）

3. 术语和定义

下列术语和定义适用于本文件。

3.1

词　word

语言里最小的、可以独立运用的单位。

3.2

汉语拼音方案　scheme for the Chinese phonetic alphabet

给汉字注音和拼写普通话语音的方案，1958年2月11日第一届全国人民代表大会第五次会议批准。方案采用拉丁字母，并用附加符号表示声调，是帮助学习汉字和推广普通话的工具。

3.3

汉语拼音正词法 the Chinese phonetic alphabet orthography

汉语拼音的拼写规范及其书写格式的准则。

4. **制定原则**

4.1 本标准是在《汉语拼音方案》确定的音节拼写规则的基础上进一步规定的词的拼写规则。

4.2 以词为拼写单位，适当考虑语音、语义等因素，并兼顾词的拼写长度。

4.3 按语法词类分节规定分词连写规则。

5. **总则**

5.1 拼写普通话基本上以词为书写单位。例如：

rén（人）	pǎo（跑）	hǎo（好）
nǐ（你）	sān（三）	gè（个）
hěn（很）	bǎ（把）	hé（和）
de（的）	ā（啊）	pēng（砰）
fúróng（芙蓉）	qiǎokèlì（巧克力）	māma（妈妈）
péngyou（朋友）	yuèdú（阅读）	wǎnhuì（晚会）
zhòngshì（重视）	dìzhèn（地震）	niánqīng（年轻）
qiānmíng（签名）	shìwēi（示威）	niǔzhuǎn（扭转）
chuánzhī（船只）	dànshì（但是）	fēicháng（非常）
dīngdōng（叮咚）	āiyā（哎呀）	diànshìjī（电视机）
túshūguǎn（图书馆）		

5.2 表示一个整体概念的双音节和三音节结构，连写。例如：

quánguó（全国）	zǒulái（走来）
dǎnxiǎo（胆小）	huánbǎo（环保）
gōngguān（公关）	chángyòngcí（常用词）
àiniǎozhōu（爱鸟周）	yǎnzhōngdīng（眼中钉）
èzuòjù（恶作剧）	pòtiānhuāng（破天荒）
yīdāoqiē（一刀切）	duìbuqǐ（对不起）

chīdexiāo（吃得消）

5.3 四音节及四音节以上表示一个整体概念的名称，按词或语节（词语内部由语音停顿而划分成的片段）分写，不能按词或语节划分的，全都连写。例如：

wúfèng gāngguǎn（无缝钢管）

huánjìng bǎohù guīhuà（环境保护规划）

jīngtǐguǎn gōnglǜ fàngdàqì（晶体管功率放大器）

Zhōnghuá Rénmín Gònghéguó（中华人民共和国）

Zhōngguó Shèhuì Kēxuéyuàn（中国社会科学院）

yánjiūshēngyuàn（研究生院）

hóngshízìhuì（红十字会）　yúxīngcǎosù（鱼腥草素）

gāoměngsuānjiǎ（高锰酸钾）　gǔshēngwùxuéjiā（古生物学家）

5.4 单音节词重叠，连写；双音节词重叠，分写。例如：

rénrén（人人）　niánnián（年年）

kànkan（看看）　shuōshuo（说说）

dàdà（大大）　hónghóng de（红红的）

gègè（个个）　tiáotiáo（条条）

yánjiū yánjiū（研究研究）　shāngliang shāngliang（商量商量）

xuěbái xuěbái（雪白雪白）　tōnghóng tōnghóng（通红通红）

重叠并列即AABB式结构，连写。例如：

láiláiwǎngwǎng（来来往往）　shuōshuōxiàoxiào（说说笑笑）

qīngqīngchǔchǔ（清清楚楚）　wānwānqūqū（弯弯曲曲）

fāngfāngmiànmiàn（方方面面）　qiānqiānwànwàn（千千万万）

5.5 单音节前附成分（副、总、非、反、超、老、阿、可、无、半等）或单音节后附成分（子、儿、头、性、者、员、家、手、化、们等）与其他词语，连写。例如：

fùbùzhǎng（副部长）　zǒnggōngchéngshī（总工程师）

fùzǒnggōngchéngshī（副总工程师）　fēijīnshǔ（非金属）

fēiyèwù rényuán（非业务人员）　fǎndàndào dǎodàn（反弹道导弹）

chāoshēngbō（超声波）　lǎohǔ（老虎）

āyí（阿姨）　kěnì fǎnyìng（可逆反应）

wútiáojiàn（无条件）　　bàndǎotǐ（半导体）
zhuōzi（桌子）　　jīnr（今儿）
quántou（拳头）　　kēxuéxìng（科学性）
shǒugōngyèzhě（手工业者）　　chéngwùyuán（乘务员）
yìshùjiā（艺术家）　　tuōlājīshǒu（拖拉机手）
xiàndàihuà（现代化）　　háizimen（孩子们）

5.6 为了便于阅读和理解，某些并列的词、语素之间或某些缩略语当中可用连接号。例如：

bā-jiǔ tiān（八九天）　　shíqī-bā suì（十七八岁）
rén-jī duìhuà（人机对话）　　zhōng-xiǎoxué（中小学）
lù-hǎi-kōngjūn（陆海空军）
biànzhèng-wéiwù zhǔyì（辩证唯物主义）
Cháng-Sānjiǎo（长三角［长江三角洲］）
Hù-Níng-Háng Dìqū（沪宁杭地区）
Zhè-Gàn Xiàn（浙赣线）
Jīng-Zàng Gāosù Gōnglù（京藏高速公路）

6. 基本规则

6.1 分词连写规则

6.1.1 名词

6.1.1.1 名词与后面的方位词，分写。例如：

shān shàng（山上）　　shù xià（树下）
mén wài（门外）　　mén wàimian（门外面）
hé li（河里）　　hé lǐmian（河里面）
huǒchē shàngmian（火车上面）　　xuéxiào pángbiān（学校旁边）
Yǒngdìng Hé shàng（永定河上）　　Huáng Hé yǐnán（黄河以南）

6.1.1.2 名词与后面的方位词已经成词的，连写。例如：

tiānshang（天上）　　dìxia（地下）
kōngzhōng（空中）　　hǎiwài（海外）

6.1.2 动词

6.1.2.1 动词与后面的动态助词"着"、"了"、"过"，连写。例如：

kànzhe（看着）

tǎolùn bìng tōngguòle（讨论并通过了）

jìnxíngguo（进行过）

6.1.2.2 句末的“了”兼做语气助词，分写。例如：

Zhè běn shū wǒ kàn le.（这本书我看了。）

6.1.2.3 动词与所带的宾语，分写。例如：

kàn xìn（看信） chī yú（吃鱼）

kāi wánxiào（开玩笑） jiāoliú jīngyàn（交流经验）

动宾式合成词中间插入其他成分的，分写。

jūle yī gè gōng（鞠了一个躬） lǐguo sān cì fà（理过三次发）

6.1.2.4 动词（或形容词）与后面的补语，两者都是单音节的，连写；其余情况，分写。例如：

gǎohuài（搞坏） dǎsǐ（打死）

shútòu（熟透） jiànchéng（建成［楼房］）

huàwéi（化为［蒸汽］） dàngzuò（当作［笑话］）

zǒu jìnlái（走进来） zhěnglǐ hǎo（整理好）

jiànshè chéng（建设成［公园］） gǎixiě wéi（改写为［剧本］）

6.1.3 形容词

6.1.3.1 单音节形容词与用来表示形容词生动形式的前附成分或后附成分，连写。例如：

mēngmēngliàng（蒙蒙亮） liàngtángtáng（亮堂堂）

hēigulōngdōng（黑咕隆咚）

6.1.3.2 形容词与后面的“些”“一些”“点儿”“一点儿”，分写。例如：

dà xiē（大些） dà yīxiē（大一些）

kuài diǎnr（快点儿） kuài yīdiǎnr（快一点儿）

6.1.4 代词

6.1.4.1 人称代词、疑问代词与其他词语，分写。例如：

Wǒ ài Zhōngguó.（我爱中国。） Tāmen huílái le.（他们回来了。）

Shéi shuō de？（谁说的？） Qù nǎlǐ？（去哪里？）

6.1.4.2 指示代词“这”、“那”，疑问代词“哪”与后面的名词或量词，分写。例如：

zhè rén（这人） nà cì huìyì（那次会议）

zhè zhī chuán（这只船）　　　　　nǎ zhāng bàozhǐ（哪张报纸）

指示代词“这”、“那”，疑问代词“哪”与后面的“点儿”、“般”、“边”、“时”、“会儿”，连写。例如：

zhèdiǎnr（这点儿）　　　　　zhèbān（这般）

zhèbiān（这边）　　　　　nàshí（那时）

nàhuìr（那会儿）

6.1.4.3 “各”、“每”、“某”、“本”、“该”、“我”、“你”等与后面的名词或量词，分写。例如：

gè guó（各国）　　　　　gè rén（各人）

gè xuékē（各学科）　　　　　měi nián（每年）

měi cì（每次）　　　　　mǒu rén（某人）

mǒu gōngchǎng（某工厂）　　　　　běn shì（本市）

běn bùmén（本部门）　　　　　gāi kān（该刊）

gāi gōngsī（该公司）　　　　　wǒ xiào（我校）

nǐ dānwèi（你单位）

6.1.5 数词和量词

6.1.5.1 汉字数字用汉语拼音拼写，阿拉伯数字则仍保留阿拉伯数字写法。例如：

èr líng líng bā nián（二〇〇八年）

èr fēn zhī yī（二分之一）

wǔ yòu sì fēn zhī sān（五又四分之三）

sān diǎn yī sì yī liù（三点一四一六）

líng diǎn liù yī bā（零点六一八）

635 fēnjī（635分机）

6.1.5.2 十一到九十九之间的整数，连写。例如：

shíyī（十一）　　　　　shíwǔ（十五）

sānshísān（三十三）　　　　　jiǔshíjiǔ（九十九）

6.1.5.3 “百”“千”“万”“亿”与前面的个位数，连写；“万”“亿”与前面的十位以上的数，分写，当前面的数词为“十”时，也可连写。例如：

shí yì líng qīwàn èrqiān sānbǎi wǔshíliù / shíyì líng qīwàn èrqiān sānbǎi wǔshíliù

（十亿零七万二千三百五十六）

liùshísān yì qīqiān èrbǎi liùshíbā wàn sìqiān líng jiǔshíwǔ

（六十三亿七千二百六十八万四千零九十五）

6.1.5.4 数词与前面表示序数的“第”中间，加连接号。例如：

dì-yī（第一） dì-shísān（第十三）

dì-èrshíbā（第二十八） dì-sānbǎi wǔshíliù（第三百五十六）

数词（限于“一”至“十”）与前面表示序数的“初”，连写。例如：

chūyī（初一） chūshí（初十）

6.1.5.5 代表月日的数词，中间加连接号。例如：

wǔ-sì（五四） yīèr-jiǔ（一二·九）

6.1.5.6 数词与量词，分写。例如：

liǎng gè rén（两个人） yī dà wǎn fàn（一大碗饭）

liǎng jiān bàn wūzi（两间半屋子） kàn liǎng biàn（看两遍）

数词、量词与表示约数的“多”、“来”、“几”，分写。

yībǎi duō gè（一百多个） shí lái wàn rén（十来万人）

jǐ jiā rén（几家人） jǐ tiān gōngfu（几天工夫）

“十几”、“几十”连写。例如：

shíjǐ gè rén（十几个人） jǐshí gēn gāngguǎn（几十根钢管）

两个邻近的数字或表位数的单位并列表示约数，中间加连接号。例如：

sān-wǔ tiān（三五天） qī-bā gè（七八个）

yì-wàn nián（亿万年） qiān-bǎi cì（千百次）

复合量词内各并列成分连写。例如：

réncì（人次） qiānwǎxiǎoshí（千瓦小时）

dūngōnglǐ（吨公里） qiānkèmǐměimiǎo（千克·米/秒）

6.1.6 副词

副词与后面的词语，分写。例如：

hěn hǎo（很好） dōu lái（都来）

gèng měi（更美） zuì dà（最大）

bù lái（不来） bù hěn hǎo（不很好）

gānggāng zǒu（刚刚走） fēicháng kuài（非常快）

shífēn gǎndòng（十分感动）

6.1.7 介词

介词与后面的其他词语，分写。例如：

zài qiánmiàn zǒu（在前面走）

xiàng dōngbian qù（向东边去）

wèi rénmín fúwù（为人民服务）

cóng zuótiān qǐ（从昨天起）

bèi xuǎnwéi dàibiǎo（被选为代表）

shēng yú 1940 nián（生于1940年）

guānyú zhège wèntí（关于这个问题）

cháozhe xiàbian kàn（朝着下边看）

6.1.8 连词

连词与其他词语，分写。例如：

gōngrén hé nóngmín（工人和农民）

tóngyì bìng yōnghù（同意并拥护）

guāngróng ér jiānjù（光荣而艰巨）

bùdàn kuài érqiě hǎo（不但快而且好）

Nǐ lái háishi bù lái？（你来还是不来？）

Rúguǒ xià dàyǔ，bǐsài jiù tuīchí.（如果下大雨，比赛就推迟。）

6.1.9 助词

6.1.9.1 结构助词"的"、"地"、"得"、"之"、"所"等与其他词语，分写。其中，"的"、"地"、"得"前面的词是单音节的，也可连写。例如：

dàdì de nǚ'ér（大地的女儿）

Zhè shì wǒ de shū. / Zhè shì wǒde shū.（这是我的书。）

Wǒmen guòzhe xìngfú de shēnghuó.（我们过着幸福的生活。）

Shāngdiàn li bǎimǎnle chī de，chuān de，yòng de. / Shāngdiàn li bǎimǎnle chīde，chuānde，yòngde.（商店里摆满了吃的、穿的、用的。）

mài qīngcài luóbo de（卖青菜萝卜的）

Tā zài dàjiē shang mànman de zǒu.（他在大街上慢慢地走。）

Tǎnbái de gàosu nǐ ba.（坦白地告诉你吧。）

Tā yī bù yī gè jiǎoyìnr de gōngzuòzhe.（他一步一个脚印儿地工作着。）

dǎsǎo de gānjìng（打扫得干净）

xiě de bù hǎo / xiěde bù hǎo（写得不好）

hóng de hěn / hóngde hěn（红得很）

lěng de fādǒu / lěngde fādǒu（冷得发抖）

shàonián zhī jiā（少年之家）

zuì fādá de guójiā zhī yī（最发达的国家之一）

jù wǒ suǒ zhī（据我所知）

bèi yīngxióng de shìjì suǒ gǎndòng（被英雄的事迹所感动）

6.1.9.2 语气助词与其他词语，分写。例如：

Nǐ zhīdào ma？（你知道吗？）

Zěnme hái bù lái a？（怎么还不来啊？）

Kuài qù ba！（快去吧！）

Tā yīdìng huì lái de.（他一定会来的。）

Huǒchē dào le.（火车到了。）

Tā xīnli míngbai，zhǐshì bù shuō bàle.（他心里明白，只是不说罢了。）

6.1.9.3 动态助词

动态助词主要有“着”、“了”、“过”。见6.1.2.1的规定。

6.1.10 叹词

叹词通常独立于句法结构之外，与其他词语分写。例如：

À！ Zhēn měi！（啊！真美！）

Ńg，nǐ shuō shénme？（嗯，你说什么？）

Hng，zǒuzhe qiáo ba！（哼，走着瞧吧！）

Tīng míngbai le ma？ Wèi！（听明白了吗？喂！）

Āiyā，wǒ zěnme bù zhīdào ne！（哎呀，我怎么不知道呢！）

6.1.11 拟声词

拟声词与其他词语，分写。例如：

“hōnglōng” yī shēng（“轰隆”一声）

chánchán liúshuǐ（潺潺流水）

mó dāo huòhuò（磨刀霍霍）

jījīzhāzhā jiào gè bù tíng（叽叽喳喳叫个不停）

Dà gōngjī wōwō tí.（大公鸡喔喔啼。）

“Dū——”，qìdí xiǎng le.（“嘟——”，汽笛响了。）

Xiǎoxī huāhuā de liútǎng.（小溪哗哗地流淌。）

6.1.12 成语和其他熟语

6.1.12.1 成语通常作为一个语言单位使用，以四字文言语句为主。结构上可以分为两个双音节的，中间加连接号。例如：

fēngpíng-làngjìng（风平浪静） àizēng-fēnmíng（爱憎分明）

shuǐdào-qúchéng（水到渠成） yángyáng-dàguān（洋洋大观）

píngfēn-qiūsè（平分秋色） guāngmíng-lěiluò（光明磊落）

diānsān-dǎosì（颠三倒四）

结构上不能分为两个双音节的，全部连写。例如：

céngchūbùqióng（层出不穷） bùyìlèhū（不亦乐乎）

zǒng'éryánzhī（总而言之） àimònéngzhì（爱莫能助）

yīyīdàishuǐ（一衣带水）

6.1.12.2 非四字成语和其他熟语内部按词分写。例如：

bēi hēiguō（背黑锅） yī bíkǒng chū qìr（一鼻孔出气儿）

bā gānzi dǎ bù zháo（八竿子打不着）

zhǐ xǔ zhōuguān fàng huǒ, bù xǔ bǎixìng diǎn dēng（只许州官放火，不许百姓点灯）

xiǎocōng bàn dòufu——yīqīng-èrbái（小葱拌豆腐——一清二白）

6.2 人名地名拼写规则

6.2.1 人名拼写

6.2.1.1 汉语人名中的姓和名分写，姓在前，名在后。复姓连写。双姓中间加连接号。姓和名的首字母分别大写，双姓两个字首字母都大写。笔名、别名等，按姓名写法处理。例如：

Lǐ Huá（李华） Wáng Jiànguó（王建国）

Dōngfāng Shuò（东方朔） Zhūgě Kǒngmíng（诸葛孔明）

Zhāng-Wáng Shūfāng（张王淑芳） Lǔ Xùn（鲁迅）

Méi Lánfāng（梅兰芳） Zhāng Sān（张三）

Wáng Mázi（王麻子）

6.2.1.2 人名与职务、称呼等，分写；职务、称呼等首字母小写。例如：

Wáng bùzhǎng（王部长） Tián zhǔrèn（田主任）

Wú kuàijì（吴会计） Lǐ xiānsheng（李先生）

Zhào tóngzhì（赵同志）　Liú lǎoshī（刘老师）

Dīng xiōng（丁兄）　Zhāng mā（张妈）

Zhāng jūn（张君）　Wú lǎo（吴老）

Wáng shì（王氏）　Sūn mǒu（孙某）

Guóqiáng tóngzhì（国强同志）　Huìfāng āyí（慧芳阿姨）

6.2.1.3 “老”、“小”、“大”、“阿”等与后面的姓、名、排行，分写，分写部分的首字母分别大写。例如：

Xiǎo Liú（小刘）　Lǎo Qián（老钱）

Lǎo Zhāngtóur（老张头儿）　Dà Lǐ（大李）

Ā Sān（阿三）

6.2.1.4 已经专名化的称呼，连写，开头大写。例如：

Kǒngzǐ（孔子）　Bāogōng（包公）

Xīshī（西施）　Mèngchángjūn（孟尝君）

6.2.2 地名拼写

6.2.2.1 汉语地名中的专名和通名，分写，每一分写部分的首字母大写。例如：

Běijīng Shì（北京市）　Héběi Shěng（河北省）

Yālù Jiāng（鸭绿江）　Tài Shān（泰山）

Dòngtíng Hú（洞庭湖）　Táiwān Hǎixiá（台湾海峡）

6.2.2.2 专名与通名的附加成分，如是单音节的，与其相关部分连写。例如：

Xīliáo Hé（西辽河）　Jǐngshān Hòujiē（景山后街）

Cháoyángménnèi Nánxiǎojiē（朝阳门内南小街）

Dōngsì Shítiáo（东四十条）

6.2.2.3 已专名化的地名不再区分专名和通名，各音节连写。例如：

Hēilóngjiāng（黑龙江［省］）　Wángcūn（王村［镇］）

Jiǔxiānqiáo（酒仙桥［医院］）

不需区分专名和通名的地名，各音节连写。例如：

Zhōukǒudiàn（周口店）　Sāntányìnyuè（三潭印月）

6.2.3 非汉语人名、地名的汉字名称，用汉语拼音拼写。例如：

Wūlánfū（乌兰夫，Ulanhu）

Jièchuān Lóngzhījiè（芥川龙之介，Akutagawa Ryunosuke）

Āpèi Āwàngjìnměi（阿沛·阿旺晋美，Ngapoi Ngawang Jigme）

Mǎkèsī（马克思，Marx）　　Wūlǔmùqí（乌鲁木齐，Ürümqi）

Lúndūn（伦敦，London）　　Dōngjīng（东京，Tokyo）

6.2.4 人名、地名拼写的详细规则，遵循GB/T 28039《中国人名汉语拼音字母拼写规则》《中国地名汉语拼音字母拼写规则（汉语地名部分）》。

6.3 大写规则

6.3.1 句子开头的字母大写。例如：

Chūntiān lái le.（春天来了。）

Wǒ ài wǒ de jiāxiāng.（我爱我的家乡。）

诗歌每行开头的字母大写。例如：

《Yǒude Rén》(《有的人》)

Zāng Kèjiā（臧克家）

Yǒude rén huózhe,（有的人活着，）

Tā yǐjīng sǐ le;（他已经死了；）

Yǒude rén sǐ le,（有的人死了，）

Tā hái huózhe.（他还活着。）

6.3.2 专有名词的首字母大写。例如：

Běijīng（北京）　　Chángchéng（长城）

Qīngmíng（清明）　　Jǐngpōzú（景颇族）

Fēilǜbīn（菲律宾）

由几个词组成的专有名词，每个词的首字母大写。例如：

Guójì Shūdiàn（国际书店）　　Hépíng Bīnguǎn（和平宾馆）

Guāngmíng Rìbào（光明日报）

Guójiā Yǔyán Wénzì Gōngzuò Wěiyuánhuì（国家语言文字工作委员会）

在某些场合，专有名词的所有字母可全部大写。例如：

XIÀNDÀI HÀNYǓ CÍDIǍN（现代汉语词典）

BĚIJĪNG（北京）

LǏ HUÁ（李华）　　DŌNGFĀNG SHUÒ（东方朔）

6.3.3 专有名词成分与普通名词成分连写在一起，是专有名词或视为专有名词的，首字母大写。例如：

Míngshǐ（明史）　　Hànyǔ（汉语）

Yuèyǔ（粤语）　　Guǎngdōnghuà（广东话）

Fójiào（佛教）　　Tángcháo（唐朝）

专有名词成分与普通名词成分连写在一起，是一般语词或视为一般语词的，首字母小写。例如：

guǎnggān（广柑）　　jīngjù（京剧）

ējiāo（阿胶）　　zhōngshānfú（中山服）

chuānxiōng（川芎）　　zàngqīngguǒ（藏青果）

zhāoqín-mùchǔ（朝秦暮楚）　　qiánlǘzhījì（黔驴之技）

6.4 缩写规则

6.4.1 连写的拼写单位（多音节词或连写的表示一个整体概念的结构），缩写时取每个汉字拼音的首字母，大写并连写。例如：

Běijīng（缩写：BJ）（北京）　　ruǎnwò（缩写：RW）（软卧）

6.4.2 分写的拼写单位（按词或语节分写的表示一个整体概念的结构），缩写时以词或语节为单位取首字母，大写并连写。例如：

guójiā biāozhǔn（缩写：GB）（国家标准）

hànyǔ shuǐpíng kǎoshì（缩写：HSK）（汉语水平考试）

pǔtōnghuà shuǐpíng cèshì（缩写：PSC）（普通话水平测试）

6.4.3 为了给汉语拼音的缩写形式做出标记，可在每个大写字母后面加小圆点。例如：

Běijīng（北京）也可缩写：B.J.

guójiā biāozhǔn（国家标准）也可缩写：G.B.

6.4.4 汉语人名的缩写，姓全写，首字母大写或每个字母大写；名取每个汉字拼音的首字母，大写，后面加小圆点。例如：

Lǐ Huá（缩写：Lǐ H.或LǏ H.）（李华）

Wáng Jiànguó（缩写：Wáng J.G.或WÁNG J.G.）（王建国）

Dōngfāng Shuò（缩写：Dōngfāng S.或DŌNGFĀNG S.）（东方朔）

Zhūgě Kǒngmíng（缩写：Zhūgě K.M.或ZHŪGĚ K.M. ）（诸葛孔明）

6.5 标调规则

6.5.1 声调符号标在一个音节的主要元音（韵腹）上。韵母iu，ui，声调符号标在后面的字母上面。在i上标声调符号，应省去i上的小点。例如：

āyí（阿姨）　　cèlüè（策略）

dàibiǎo（代表）　　guāguǒ（瓜果）

huáishù（槐树）　　kǎolǜ（考虑）

liúshuǐ（流水）　　xīnxiān（新鲜）

轻声音节不标声调。例如：

zhuāngjia（庄稼）　　qīngchu（清楚）

kàndeqǐ（看得起）

6.5.2 "一"、"不"一般标原调，不标变调。例如：

yī jià（一架）　　yī tiān（一天）

yī tóu（一头）　　yī wǎn（一碗）

bù qù（不去）　　bù duì（不对）

bùzhìyú（不至于）

在语言教学等方面，可根据需要按变调标写。例如：

yī tiān（一天）可标为yì tiān，bù duì（不对）可标为bú duì。

6.5.3 ABB、AABB形式的词语，BB一般标原调，不标变调。例如：

lǜyóuyóu（绿油油）　　chéndiàndiàn（沉甸甸）

hēidòngdòng（黑洞洞）　　piàopiàoliàngliàng（漂漂亮亮）

有些词语的BB在语言实际中只读变调，则标变调。例如：

hóngtōngtōng（红彤彤）　　xiāngpēnpēn（香喷喷）

huángdēngdēng（黄澄澄）

6.5.4 在某些场合，专有名词的拼写，也可不标声调。例如：

Li Hua（缩写：Li H.或LI H.）（李华）

Beijing（北京）

RENMIN RIBAO（人民日报）

WANGFUJING DAJIE（王府井大街）

6.5.5 除了《汉语拼音方案》规定的符号标调法以外，在技术处理上，也可采用数字、字母等标明声调，如采用阿拉伯数字1、2、3、4、0分别表示汉语四声和轻声。

6.6 移行规则

6.6.1 移行要按音节分开，在没有写完的地方加连接号。音节内部不可拆分。例如：

guāngmíng（光明）移作“……guāng-

míng”（光明）

不能移作“……gu-

āngmíng”（光明）。

缩写词（如GB，HSK，汉语人名的缩写部分）不可移行。

Wáng J.G.（王建国）移作“……Wáng

J.G.”（王建国）

不能移作“……Wáng J.-

G.”（王建国）。

6.6.2 音节前有隔音符号，移行时，去掉隔音符号，加连接号。例如：

Xī'ān（西安）移作“……Xī-

ān”（西安）

不能移作“……Xī'-

ān”（西安）。

6.6.3 在有连接号处移行时，末尾保留连接号，下行开头补加连接号。例如：

chēshuǐ-mǎlóng（车水马龙）移作“……chēshuǐ-

-mǎlóng”（车水马龙）

6.7 标点符号使用规则

汉语拼音拼写时，句号使用小圆点“.”，连接号用半字线“-”，省略号也可使用3个小圆点“…”，顿号也可用逗号“,”代替，其他标点符号遵循GB/T15834的规定。

7. **变通规则**

7.1 根据识字需要（如小学低年级和幼儿汉语识字读物），可按字注音。

7.2 辞书注音需要显示成语及其他词语内部结构时，可按词或语素分写。例如：

chīrén shuō mèng（痴人说梦）　　wèi yǔ chóumóu（未雨绸缪）

shǒu kǒu rú píng（守口如瓶）　　Hēng-Hā èr jiàng（哼哈二将）

Xī Liáo Hé（西辽河）　　Nán-Běi Cháo（南北朝）

7.3 辞书注音为了提示轻声音节，音节前可标中圆点。例如：

zhuāng · jia（庄稼）　　qīng · chu（清楚）

kàn · deqǐ（看得起）

如是轻重两读，音节上仍标声调。例如：

hóu · lóng（喉咙）　　zhī · dào（知道）

tǔ · xīngqì（土腥气）

7.4 在中文信息处理方面，表示一个整体概念的多音节结构，可全部连写。例如：

guómínshēngchǎnzǒngzhí（国民生产总值）

jìsuànjītǐcéngchéngxiàngyí（计算机体层成像仪）

shìjièfēiwùzhìwénhuàyíchǎn（世界非物质文化遗产）

参考文献

■ 北京大学中文系现代汉语教研室. 现代汉语. 北京：商务印书馆，2002.
■ 曹 文. 汉语发音与纠音. 北京：北京大学出版社，2000.
■ 曹 文. 现代汉语语音答问. 北京：北京大学出版社，2010.
■ 陈昌来. 对外汉语教学概论. 上海：复旦大学出版社，2005.
■ 程美珍、赵金铭. 基础汉语语音教学的若干问题. 第一届国际汉语教学讨论会论文选. 北京：北京语言学院出版社，1986.
■ 程 棠. 对外汉语语音教学中的几个问题. 语言教学与研究，1996（3）.
■ 程 棠. 对外汉语教学目的原则方法. 北京：华语教学出版社，2000.
■ 董明晔. 简论对外汉语教学中的动态语音训练. 世界汉语教学，1989（4）.
■ 干红梅. 语调辨析在中级汉语听力理解中的重要性. 汉语学习，2005（3）.
■ 顾 筝、吴中伟. 留学生入门阶段语音教学研究. 云南师范大学学报，2005（2）.
■ 桂诗春. 实验心理语言学纲要：语言的感知、理解和产生. 长沙：湖南教育出版社，1991.
■ 桂诗春. 新编心理语言学. 上海：上海外语教育出版社，2000.
■ 国家汉语国际推广领导小组办公室. 国际汉语教学通用课程大纲. 北京：外语教学与研究出版社，2008.
■ 黄伯荣、廖序东. 现代汉语. 北京：高等教育出版社，1997.
■ 加里·D. 鲍里奇［美］. 易东平译. 有效教学方法——Effective Teaching Methods. 南京：江苏教育出版社，2002.
■ 蒋以亮. 语流教学初探. 语言教学与研究，1998（4）.
■ 金晓达、刘广徽. 汉语普通话语音图解课本. 北京：北京语言大学出版社，2009.
■ 柯彼德. 汉语拼音在国际汉语教学中的地位和运用. 世界汉语教学，2003.
■ 李培元. 汉语语音教学的重点. 世界汉语教学，1987（1）.
■ 李培元等. 编写《基础汉语课本》的若干问题. 语言教学与研究，1980（4）.
■ 林 焘. 语音教学与字音教学. 语言教学与研究，1979（4）.
■ 林 焘. 汉语韵律特征和语音教学. 世界华文教学研讨会论文集，新加坡华文研究会编印，1990.
■ 林 焘. 语音学教程. 北京：北京大学出版社，1992.
■ 林 焘. 语音研究和对外汉语教学. 世界汉语教学，1996（3）.
■ 林 焘.《汉语正音教程》（王若江编著）序言. 北京：北京大学出版社，2005.
■ 刘 珣. 汉语作为第二语言教学简论. 北京：北京语言文化大学出版社，2002.
■ 陆俭明、沈 阳. 汉语和汉语研究十五讲. 北京：北京大学出版社，2003.
■ 吕必松. 对外汉语教学概论（讲义），1996.
■ 毛世桢. 关于对外汉语语音教学的反思. 对外汉语教研论丛（第二辑）. 上海：华东师范大学出版社，2002.
■ 毛世桢. 对外汉语语音教学. 上海：华东师范大学出版社，2008.
■ 任 远. 基础汉语教材纵横谈. 语言教学与研究，1985（2）.
■ 盛 炎. 语言教学原理. 重庆：重庆出版社，1990.
■ 史有为. 语音学习机制和语音教学原则. 语言教学与研究，1989（2）.
■ 陶 炼. 普通话语音入门教学浅议. 语言的跨文化桥梁. 上海：上海交通大学出版社，2004.
■ 王汉卫. "标准"与"基础"——基础阶段对外汉语语音教学的新思考. 暨南大学华文学院学报，2002（2）.
■ 王魁京. 第一、第二语言学习在语音掌握过程上的区别性特征探讨. 北京师范大学学报（社会科学版），1997（6）.
■ 王群生. 语音的困惑和对外汉语语音教学改革. 荆州师范学

院学报，2003（6）.
■ 王若江．汉语正音教程．北京：北京大学出版社，2005.
■ 吴洁敏、朱宏达．汉语节律学．北京：语文出版社，2001.
■ 吴宗济．吴宗济语言学论文集．北京：商务印书馆，2004.
■ 徐　越．对外汉语教学中的儿化问题．语言教学与研究，2005（5）.
■ 徐子亮．口语教学法的认知原理分析．对外汉语教学的跨文化视角——旧金山对外汉语教学学术会议论文集．上海：华东师范大学出版社，2004.
■ 叶蜚声、徐通锵．语言学纲要．北京：北京大学出版社，1997.
■ 叶　军．《对外汉语教学语音大纲》初探．云南师范大学学报，2003（4）.
■ 曾毓美．对外汉语语音．长沙：湖南师范大学出版社，2008.
■ 张　英．对外汉语语音教学简论．北大海外教育（第三辑）．北京：华语教学出版社，2000.
■ 赵金铭．语音研究与对外汉语教学．北京：北京语言大学出版社，1997.
■ 赵金铭．对外汉语教学概论．北京：商务印书馆，2004.
■ 赵贤州．对外汉语教学通论．上海：上海外语教育出版社，1996.
■ 赵元任．语言问题．北京：商务印书馆，1980.
■ 周小兵、李海鸥．对外汉语教学入门．广州：中山大学出版社，2004.

读者意见反馈

为收集对教材的意见建议，进一步完善教材编写并做好服务工作，读者可将对本教材的意见建议通过如下渠道反馈至我社。

咨询电话　400-810-0598

反馈邮箱　wy_dzyj@pub.hep.cn

通信地址　北京市朝阳区惠新东街4号富盛大厦1座

高等教育出版社总编辑办公室

邮政编码　100029

图书在版编目（CIP）数据

国际汉语语音与语音教学 / 宋海燕著. -- 北京 :
高等教育出版社, 2013.6（2024.2重印）
（国际汉语教师培养与培训丛书）
ISBN 978-7-04-036494-1

Ⅰ. ①国… Ⅱ. ①宋… Ⅲ. ①汉语－语音－对外汉语
教学－教学参考资料 Ⅳ. ①H195.4

中国版本图书馆CIP数据核字(2012)第300533号

策划编辑 周 芳　　责任编辑 金飞飞　　装帧设计 张 楠
责任校对 金飞飞 张 悦　　责任印制 赵义民

出版发行 高等教育出版社
社 址 北京市西城区德外大街4号
邮政编码 100120
印 刷 北京中科印刷有限公司
开 本 787 mm × 1092 mm 1/16
印 张 15.75
字 数 343 千字
购书热线 010－58581118
咨询电话 400－810－0598
网 址 http://www.hep.edu.cn
http://www.hep.com.cn
网上订购 http://www.landraco.com
http://www.landraco.com.cn
版 次 2013年6月第1版
印 次 2024年2月第7次印刷
定 价 45.00元

物 料 号 36494-00